索·恩
THORN BIRD

忘 掉 地 平 线

Originally published as "Gegen den Hass"

© S. Fischer Verlag GmbH, Frankfurt am Main, 2016

The translation of this work was financed by the Goethe-Institut China

本书获得歌德学院（中国）全额翻译资助

歌德学院（中国）
翻译资助计划

何故为敌

Gegen den Hass

By Carolin Emcke

〔德〕卡罗琳·艾姆克 / 著
郭力 / 译

社会科学文献出版社
SOCIAL SCIENCES ACADEMIC PRESS (CHINA)

图书策划人　　视觉设计师

联合创立

献给马丁·萨尔

即使每一次公正都以说开始,但不是每一次的说都是公正的。

——雅克·德里达

细致的观察意味着做具体分析。

——赫塔·穆勒

前　言 / *001*

一　可见与视而不见 / *011*
　爱 / *017*
　希望 / *022*
　担忧 / *025*
　仇恨与歧视（1）：集体性的敌视人类（克劳斯尼茨事件）/ *034*
　仇恨与歧视（2）：机构性的种族主义（史泰登岛事件）/ *067*

二　同质的·自然的·纯正的 / *087*
　同质性 / *097*
　自然的 / *112*
　纯正的 / *136*

三　赞美不纯正 / *153*

注　释 / *181*

译后记 / *200*

前　言

我陷入了深深的

无底泥潭；

我落入水中，

潮水将我淹没。

我高声呼救，

口干舌燥，精疲力竭。

对上帝的热盼，

已望断我的双眼。

那些无缘无故仇恨我的人，

真比我头上的头发还多。

——《诗篇》① 第69篇，3—5

---

① 《希伯来圣经》中的诗歌集，此诗歌集包含150首诗歌
——译注。下同。

有时我问自己，是否应羡慕那些会仇恨的人。我问自己，他们怎么能如此地恨，怎么能恨得确信无疑。仇恨者的内心一定是确信无疑的。不然，他们不会那样说话，那样伤人，那样残杀。不然，他们不会那样贬损、羞辱、攻击他人。他们的内心一定很确信，不存在任何疑问。对仇恨质疑的人，不会仇恨。质疑的人不会让自己失控。仇恨需要绝对的坚定不疑。仇恨需受到适宜引导，在此，每一个"也许"的念头都会碍事，每一个"可能"的思虑都会令仇恨瓦解，降低其能量。

被仇恨的是不确切的，若要确切就很难仇恨。确切性令人温和，令人仔细观察、仔细倾听；确切性会令人鉴别，会将一个性格爱好错综复杂的对立者，当作一个人类个体看待。一旦某些特征被抹掉，一旦个体不被作为个体来认识看待，那么成为仇恨对象的模糊不清的类群便会出现，他们会遭到侮辱、诽谤、咆哮，会被训斥为："那些犹太人""那些女人""那些无宗教信仰者""那些黑人""那些女同性恋""那些难民""那些穆斯林"，以及"那个美国""那些政客""那个西方""那些警察""那些媒体""那些知识分子"。[1] 仇恨要找适宜的对象，恨的对象由此产生。

仇恨的方向或上或下，每种情况下都有一个垂直视轴，不是仇视"上边"，便是仇视"下边"，但总是仇恨"另类"，因为另类使自身群体感到威胁与压力。这些另类因而也被想象成所谓危险的势力，或所谓品质卑下恶劣的群体；这样，接下来的虐待，甚至灭绝行为，便不仅成了情有可原，更是顺理成章的必要措施。另类即可以不受法律惩罚地非难、伤害、虐待，或者杀戮的各类。[2]

不论在大街上、网络上，还是在傍晚、在光天化日之下，那些亲身经历过这种针对他人而释放出的仇恨的人；那些不得不背负遭受蔑视受虐待的整个历史的人；那些会收到祝愿他们或诅咒他们死亡，或诅咒他们遭到性暴力信件的人；那些个体权利只被部分接受，他们的身体及帽子、头罩遭到蔑视，以致出于害怕受到攻击，不得不戴面具保护自己的人；那些不敢出家门，因门前站有随时准备施暴的众人，他们的学校或犹太教堂需要受到警察保护的人……所有这些成为仇恨对象的人，都不能也不愿意对仇恨习以为常。

当然，被当作另类及外人的人们，总会有潜在的抵抗意识，此意识不一定能像仇恨那样可感觉出来。在德意志联邦共和国，它主要表现为捆绑在社会公约中的拒绝。可过去几年，出现了某些越来越明显的怀疑：宽容得是不是太多了；那些有不同信仰、不同外表和爱的人，随着时间的推移，是不是也该满足了。还存在一些具暗示性的明显指责：那些犹太人、同性恋者或女权主义者，他们获得的许可已经不少了，现在已经不太抱怨，他们满意多了。这些听上去好像要说平等权利也具上限，好像妇女与同性恋者已得到了平等权益，就该大功告成，为什么还要求完全平等？这未免太过分了。否则就……全平等了。

此等对缺乏谦恭的指责很奇特，又常常与已提供宽容的自我赞赏混在一起。就好像妇女被允许工作是一个很特殊的成就——她们为什么还要求同工同酬？好像同性恋不再被定罪和监禁，本身已很值得赞扬，好像现在需感恩戴德才合适。同性恋可以私下相爱，这是允许的，他们凭什么还要求公开结婚？[3]

对穆斯林的宽容，往往存在雅努斯①似的两张面孔：穆斯林已经被允许住在这里了，可宗教性的、穆斯林性的，最好还是不要。"宗教自由"一词，如果涉及的是基督教，其内涵很容易被接受。还有更甚的、越来越常听到的说法：这么多年了，关于纳粹屠杀犹太人的没完没了的讨论，也该终止了。好像对奥斯维辛集中营事件的思考就像酸奶，也有保质期。就好像对纳粹国家社会主义罪行的反思，是一项旅游任务，到此一游，便该结束。

在德意志联邦共和国，也发生了一些变化。仇恨变得越来越公开化、越来越无所顾忌，仇恨者可以面带或不带笑容，但大都无耻嚣张。匿名的威胁信件一直不少，现在竟公然直呼姓名，并公开地址。互联网

---

① 雅努斯为古罗马神话中的两面神，有前后两张脸，是起始与终了之神。

上，赤裸裸的暴力臆想和充满仇恨的评论不再以假名掩盖。如果几年前有人问我，我能否想象这个社会里又能出现这样的话语，我会认为，这完全不可能。那时我无法想象，公众言论可以再次变得如此粗陋，攻击他人又可以如此不受制约。看上去很像是，人们对交谈方式的一贯期待遭到了推翻。好像人与人之间的交往标准遭到了颠覆：好像谁若将尊重他人当作一种理所当然的礼貌，反倒应该为自己羞愧；好像那些不愿对他人表示尊重，甚至粗鲁无礼者，以及抛售偏见者，倒应该感到骄傲似的。

在此我认为，如果狂叫、辱骂、伤害可以不受制约，这不是什么文明进程。如果每个人都允许将他的内在卑劣向外部释放，我不认为这是什么进步的表现，因为据说对仇恨的发泄，不论来自民众，还是出自政治，都很重要。但像其他许多人一样，我不想对它习以为常。我不想看到，赤裸裸的仇恨兴致——不论在欧洲，还是在其他地方——能得到正常化。

这里要讨论的仇恨，非偶然事例，也不独具特色。它不只是偶然发泄的感情，或由于所谓的必需而倾泻的模糊不清的感情。仇恨是集体性的，它需要意识形态。仇恨需要预先制定模子，这样它可以在其中注满。那些用以辱骂的词语，那些固定联想及臆想的不同画面，以及思维定式，都需事先设定。仇恨不会突然出现，它需受到培育。如果将它理解为自发的及个体性的，便会在潜意识里使它得到进一步的滋养。[4]

在此，德国（以及欧洲）的暴力民粹性政党及其运动的兴起，并非最令人不安。因为人们有理由希望，随着时间的推移，通过他们的狂傲个体，通过他们相互间的敌意言论，或者只因为他们缺乏适宜的政治专业人员，这些势力会自行解体。更不用说他们的纲领是反现代化，他们是否定全球化世界具有福利、经济及文化上的现实意义的。可以预测，如果他们被迫参与公开讨论，他们必须回应对方，阐述自己的论点，并被迫对错综复杂的实际问题给出客观论证分析，他们的吸引力便会失去。如果他们对适宜的观点表示赞同，他们自身持不同政见者的特性又可能失去。因而批评时尤其需要有的放矢。可以推想，在此需要一个能涉及深层问题的经济学框架，以对由日益增长的社会不平等造成的不满，以及在政治结构尚不完善的地区和城市，日益增长的对老年贫困的恐惧，给予深刻分析。

狂热的氛围更令人感到威胁。不论在这里，还是在其他地方。这是一种越来越极端的否定动向，是对持不同观点的人，对长相不同、宗教信仰不同、无宗教信仰，或拥有所谓常规之外爱情的人们的更决然的否定。此类对所有所谓非常态事物的蔑视，正在逐渐蔓延，并会造成越来越多的损害。事态之所以发展至此，是因为我们往往在震惊之下选择了沉默；是因为我们被恐吓吓倒了,是因为我们不知道如何对待这些狂叫恐吓,因为我们感到无助,感到瘫软无力,因为我们在恐怖下丧失了语言能力。这也正是仇恨的不幸作用之一:它令人感到无助,感到惊慌,最终令人丧失定向与判别能力,丧失信心。

对仇恨,只能通过拒绝它的加入邀请来抵制。如果以仇恨对待仇恨,自身的立场便受到了改变,并已经近于仇恨者的方式,这正中仇恨者下怀。对待仇恨,只能通过仇恨者所不屑的方式反其道而行之,即要细致考察,要进行持续不断的分析和自我质疑。这会让仇恨在自身成分中慢慢分解,使它作为一种当前感觉,从意识形态的想象中分离出来;还会帮助我们对它进行考察,考察它是如何在特定区域及特定历史、特定文化背景下产生及运作的。这些看上去很可能显得微不足道,过于温和。这样不会让真正的狂热分子有什么感觉——反对意见如是说。这样的情况是有可能的。但是,如果我们能对仇恨的营养源头、对其运作机制及其相关机制有更多的了解,是会有所帮助的。如果能让赞同仇恨的人,和对此鼓掌的人不再自信,这也会是有所帮助的。同样有积极意义的是:对那些为仇恨筹划,并在仇恨中传播他们思想及观念模式的人,要让他们粗枝大叶的天真及嘲弄不恭的态度受到打击;还有,要让为自己辩解的不再是平心静气的志愿者,而是那些蔑视他们的人;要让给出理由的不再是那些自发的救助者，而是那些不采取自然的救助行动的人；要让自卫者不再是那些致力于开放人道的人际关系的人，而是对这样的人际关系进行分化瓦解的人。

对待仇恨与暴力，应尽可能观察使其成为可能的构建，这也意味着：要让对事实的解释与随后得到的确证之间的关系清晰可见，没有原因，仇恨与暴力不能得到蔓延。这还意味着，要考核仇恨与暴力在特定情况下的各种营养来源；要反对一个流行说法，即仇恨是一种天然事物。就好像仇恨比尊重还属真货。然而，仇恨并不是简单地在某处出现了。仇恨是人为的产物。暴力也不是简单地存在于某处，它有备而来。仇恨与暴力在哪个方向释放它们的能量，它们要反对什么，事先需清除哪些障碍，所有这些都不是偶然的，都不是简简单单地出现的，而是受到了引导的。正如本书开篇所说：对仇恨与暴力不能进行简单谴责，还应观察它们的工作方式，这就是说，总要给出其他行动的可能性，总要指出，其他人可能会做出另外的决定；某人会在哪儿进行干预，某人会在哪儿进行阻止。对仇恨与暴力的过程进行确切描述还意味着，要指出它们有可能在哪里被阻断、被瓦解。

如果对仇恨能够不从它盲目爆发的时刻开始考察，便可以产生另外的行动方案：国家检察机构和警察负责处理特定形式下的仇恨；但要反对排斥行径，反对那些通过肢体表情、习惯习俗与信念来表达驱逐意愿的可恶的小伎俩，这是人人有责的事情。不让仇恨有行动空间，切实关心仇恨的对象，对此，每个公民都是社会的一员，都负有责任。此责任义不容辞，不需分派。帮助那些只因为看起来不同、思维方式不同、信仰不同，或者爱的不同便受到威胁的人，并站到他们一边，要求做的并不太多。但这样的小事却能发挥大作用，对于那些被驱逐出社会及其言论空间的人来说，需为他们提供重新进入言论空间的可能。也许对仇恨说不的最重要的姿态是：不要让自己成为单枪匹马的人，不要让自己被迫陷入沉默，陷入私人空间，陷入自身或自身环境的避难所。也许最重要的是，要走出自我，走向他人，走入社会，再次与公众联系在一起。

那些面对仇恨无能为力，并深感孤独无助的人，正如本书"前言"开篇引用的《诗篇》中的悲哀表述，他们会感到"陷入了深深的无底泥潭"，他们不再有依托感。还觉得自己陷入了深水，潮水将把他们淹没。需要做的是：不让他们陷入孤独。如果他们打来电话，一定要倾听，绝不能让仇恨的洪水继续高涨。要建筑一块让所有人都能站住脚跟的坚实大地，这才是至关重要的。

一　可见与视而不见

> 我是一个被视而不见的人……我所说的视而不见性，是我接触到的人其眼睛产生的奇特功能。
>
> ——摘自美国作家拉尔夫·埃里森的《视而不见》

他是一个有血有肉的人。他不是鬼怪，不是电影角色。他是一个拥有躯体的生命，这个躯体占有自己的空间，可投出阴影，这个躯体有可能挡他人的道，会遮他人的视线。这是拉尔夫·埃里森（Ralph Ellisons，1914—1994）1952 年出版的著名小说《视而不见》中，一个黑人讲述的故事。这个黑人会将他人看在眼里。然而，好像他的周围都是些哈哈镜，镜像中看到的人都只看他们自己，或者他们的周围。看到的总是其他，就是看不到他。这应该怎么解释？为什么白人看不见他？

这些人的视力没有问题，这不是从生理角度能解释的，而是由观者的内在态度决定的。这个态度要屏蔽他，让他消失。对于他人来说他不存在，他好像是空气，是没有生命的东西，就像路灯杆子，只需让人避开，它本身没有任何要求，不会给出反应，不值得得到任何关注。不被看见，不被认出，对他人处于视而不见的状态，这就是歧视存在的真实形式。[1] 所有被视而不见者，都是未引起社会注意的部分，他们不属于"我们"。他们的表达会如耳旁风，他们的表情会被隐形。这些被视而不见者，没有感觉，没有需要，没有权利。

非洲裔美国女作家克劳迪亚·兰金（Claudia Rankine，1963—），在她的最新著作《公民》（*Citizen*）中也讲述了这个视而不见问题：一个黑人男孩在地铁里遭到一个陌生人的"忽视"，被蹭倒在地。这个男人没有停下来，没有扶起男孩，没有道歉。好像他没触到什么，好像倒在那里的不是一个人。兰金写道："……你希望这样的事情不再发生，你希望那个被蹭倒在地的孩子能被人看见，被人扶起；那个蹭人倒地的人没看见这个男孩，他从没见过他，也许他还从未见过除了他自身形象之外的人。"[2]

你希望不再有视而不见。你不希望，只有部分人可被看见，因为这部分人与特定形象相对应，这个特定形象不过是曾经被某些人发明出来，并成了常态的形象；你希望，只要是一个人，那么他就该被看见，不论他具有什么其他特性或标记；他是一个人，这已足够。你不希望,那些看起来不太与常态相同的人被视而不见;你不希望存在什么规章,规定什么可见,什么可被视而不见。你不希望那些肤色不同、拥有另外的躯体,他们爱的形式不同、信仰不同,或者与大多数人的希望有所不同的人,会因此被撞倒在地。你希望这种现象不会再继续,因为不只对那些被忽视和被撞倒在地的人,此等状态对所有人来说都是一种折磨。

然而拉尔夫·埃里森所说的那种眼睛的"奇特功能"怎么会出现呢?一些特定的人怎么会变得让其他人看不见?促成这种"部分人能被看见,部分人不能被看见"的看见方式的因素有哪些?哪些想象与心态滋养了这种让他人隐形,或被视而不见的心态?这种心态由谁和什么造成?这种心态是如何成倍增长的?哪些历史叙事对这类具排斥、歪曲或视而不见特性的"相面术"①的形成产生了重要影响?这种将某些特定的人作为可不被看见、不重要或具威胁、危险性的定义模式,是由何种框架给出的?

最重要的是,对那些不再被看见,不再被作为人看待的人来说,这意味着什么?如果他们被忽视或被看作不是他们本身,而是其他的东西,被视为陌生人,被视为罪犯、野蛮人,被看作病人,总之被看作

---

① die Blick-Regime,一眼就可将人分门归类、定性的看人方式。

某群体的成员,而不是一个具有不同能力和倾向的个体,不是有名有姓、有面孔、可被伤害的人,这对他们意味着什么?这种人与人之间的不被看见怎样破坏了受害者的定位能力,怎样麻木了他们的自卫能力?

爱

*感觉不相信现实原则。*①

——摘自德国作家亚历山大·克鲁格（Alexander Kluge，1932—）的《"制造不同"的艺术》

"给我找那种花来！"精灵之王奥伯龙对他的宫廷丑角②帕克发出指令，他应该去找能使人产生爱感的神奇草药的花浆。这种药汁可产生奇特效果：谁在睡觉的时候被滴上这种花浆，醒来时便会爱上他见到的第一个生物。因为帕克不是所有精灵中最聪明的，疏忽中他将花浆滴上了不是奥伯龙要求滴上的人，如此这般，莎士比亚《仲夏夜之梦》这个故事中，出现

---

① 按照弗洛伊德的精神分析理论，现实原则为追求与周围环境相适宜的行为方式的原则。
② 16—18世纪在宫廷中负责娱乐的侍者。

了许多奇特的混乱与纠结。精灵王后泰坦尼娅和织布工波顿便是深受其害的两位。帕克施法术将毫无防备的波顿变成了一个顶着大驴脑袋的怪物。善良的波顿完全没有注意到他的外形变化,他很惊奇,为什么忽然间所有的人都回避他。一个朋友看到他外形丑陋,对他说:"波顿,上帝保佑你!上帝保佑你!"这位朋友想婉转地提醒波顿,让他对这个真相引起注意。波顿却觉得朋友很傻气。"你变了,"他对朋友说,"如果他们做得到,他们会让我变成笨蛋,让我害怕。"说完,他满不在乎地唱着歌走开了。

受到动物性转化的波顿在森林里遇到了泰坦尼娅,她刚好在睡觉时被滴上了神奇药水。法术产生的效果是:她睁眼见到波顿,便爱上了他。"啊,我的眼睛/被你可爱的体形深深吸引;/你的美丽单纯令我怎样向往,/只这一眼,便让我发誓:/我爱你。"

我们没什么要跟驴过不去的,只是:泰坦尼娅眼前是一个半拉牲畜,她怎么可以说是一个"可爱的体形"?她是不是有什么没看到,或看成了什么别的东西?泰坦尼娅怎么能没注意到波顿的大耳朵?没注意到他毛茸茸的驴皮?没注意到他的大嘴巴?也许她只看到了眼前的波顿,没看到他确切的轮廓及细节。这个动物对她来说完全是一个"可爱的体形"。也许在这一刻,她淡化忽略了他的与"可爱"这个形容词不完全匹配的所有特性和特征。她被触动,被感动,

"由衷爱上了",其欣喜程度似乎超出了一些认知能力。或许,存在着另一种可能:她马上看到了大耳朵,看到了毛茸茸的驴皮和大驴嘴,只是在神药的作用下,她对眼前看到的怪物给出了与寻常状态下不同的评定。不错,她看到了驴的大耳朵,只是这大耳朵在她看来突然显得非常迷人可爱。

莎士比亚戏剧中这类花浆妙计产生的作用,已然为我们所熟悉:就像爱情(或性欲)的突然袭来,让人感到出其不意地被击中,并全身心地陷入其中,那是怎样迷人,会怎样令人失去理智。原来,泰坦尼娅之所以没有拒绝波顿,不是因为波顿是那个样子,而只是简简单单地因为他是她醒来见到的第一个人。尽管爱上波顿是她在被施以法术的状态下发生的,但在她眼里,他的确非常可爱。她甚至可以给出她喜欢波顿的理由,只是那并不是她之所以爱的真正原因。莎士比亚讲述的泰坦尼娅和波顿之间的爱情故事告诉我们,在一些情绪状态中,情绪产生的原因与其发泄的对象是不一致的。谁睡眠不佳、烦躁不安,就有可能让最无关紧要的事成为发泄他不高兴的机会。因而他遇到的第一个人,就有可能成为他情绪发泄的对象,这个人并不是造成他气恼的原因,对发生在自己身上的事情也茫然无知。某些情绪本来是针对某人、某事、某种思绪而产生的,却会因为受到其他事物的触发,让这其他事物成了发泄对象。波顿虽然是泰坦尼娅爱的对象，但他不是她爱的原因。

莎士比亚的这个故事中还隐藏着另外一些东西：爱情同其他情绪一样，看的方式尤其重要。泰坦尼娅对她的爱情对象波顿，看的方式不是中立的，而是判决性的、下定义式的，她认为他"可爱""有道德""迷人""值得追求"。在此，她的热恋状态阻止了她去直面自己不希望看到的地方：在爱的眼光下，爱情对象的令人不如意的品格或习惯会让人视而不见。所有与爱情相左的、与自己的感觉和情欲相对立的东西，都会——至少在最初阶段——被抵挡回去，或被置之不理。爱的对象由此成为适于爱、值得爱的。

许多年前，一个年轻的阿富汗译员曾告诉我，为什么父母为他们的儿子选择新娘是有道理的。他温和而坚定地解释道，恋爱会使一个人陷入盲目而迷惑状态，往往不能正确判断自己尊敬的女人是否真的合适。然而，根据经验，神经状态不正常的情况下产生的爱情不会持久，莎士比亚草药的奇效会消退，那以后该当如何？所以，比较好的方式是，母亲能事先以理性眼光为你选择女人，这样在你不再盲目的时候，这个女人也适合你。他自己在婚礼那天才第一次见到了没戴面罩的妻子，同她第一次单独谈话也是在新婚之夜。当时开心吗？是的，他说，非常开心。[3]

情绪叠替（Überblenden）的形式多种多样。爱只是其中的一个让我们可以无视现实的感情形式。由爱产生的不受任何干扰与诱导的自我封闭状态，令人同情。因为它能给予对方超高评估，使对方处于受惠状态：情人能从这个舒适的心理投影中受益。从某种意义上来说，爱情可以通过自身力量，置一切现实阻碍与抵抗于不顾。爱恋着的人，不想做解释。每个看法，每个对这个或那个特征的暗示、告诫，对恋人来说都好像是在贬低爱情。奇怪的是，爱是一种对他或她的肯定形式，这种形式并不一定以正确认识为前提；唯一的先决条件是，我认为某人具"可爱""有道德""迷人""值得爱"的品质特征。[4] 在此，驴耳朵和毛茸茸的驴皮也可以包括在内。

希 望

> 给予无效及欺骗性的希望是蠢人的事情。
>
> ——基督教《圣经》次经中《西拉书》第34章

赫西俄德（Hesiod）讲述了潘多拉的传奇故事：宙斯把潘多拉派到地上，临行送她了一个充满苦痛、灾难的盒子。这个盒子绝对不能打开，因为里面都是人类迄今尚不知晓的恐怖事件。然而在好奇心的驱使下，潘多拉掀开盒盖，朝里望去，顿时，疾病、饥饿和忧虑纷纷逃出，随即蔓延到地球各个角落。潘多拉盖上盒子时，却没有注意到，把希望留在了盒子里面。对宙斯来说，希望显然也属于邪恶。为什么呢？希望不是很好吗？它不是能激励我们，使我们具有积极的人生态度，并促使我们做好事吗？希望不也同爱情一样，是不可或缺的吗？

当然，这里指的不是可以被理解为有理由预见的希望，或可作为存在之信念的希望，此希望是被愿望、被需要的。但赫西俄德描述的希望是空虚的希望，是基于虚幻假设的希望。具有这种希望的人，他们会有病态的要说服自己的倾向：说服自己相信，他或她期待的事情会发生。这是一种毫无根据的期待，在此会无视一些本可以认识的东西。伊曼努尔·康德将这种情况称为"理解力平衡上的党派性"，即由希望产生的定向思维。

一定希望某事有好结果的人，不会关注会使希望减弱的因素，会将目光从这些因素上移开。凡是不符合或会阻止既定戏本的因素，都会有意无意地被淡化、忽视。不论是所希望的军事前景，还是经济、医疗前景，都很容易掩盖与自己的假设背道而驰的细节与线索。这些细节与线索不受欢迎，因为它们会致使人们对美好前景进行重新考量。它们有些令人懊恼，因为它们会对自己高昂的乐观情绪、对自己的一厢情愿叫停。让自己面对复杂、矛盾、不快的现实，是需要付出努力的。

如果一位朋友向我们保证他不是酒鬼，那我们希望会是这样的情况。我们观察他怎样喝酒，观察他与酒和好交往的节奏怎样逐渐变成成瘾的节奏，观察他随着时间的推移，成瘾终成事实，然而我们还是不想承认它。因为我们希望自己看错了，希望我们所经历的并没有经历：我们的朋友病了，我们失去了他。我们希望改善，可同时又踟蹰不前，因为改善只能通过直面成瘾事实开始。

有时候，在希望中，会产生负面结果的阴暗面不会被遮掩，还会得到重新解释。它们被编成更利于阅读的故事，被赋予愉快的基调，因为这基调与更好的结局相适宜。一个故事如果由此被赋予了更愉快的基调，它对读者的要求也便降低了。说不定什么时候，这位朋友会终于认识到自己的成瘾问题，接下来会出现各种私人谈话，他保证对自己的上瘾有了全面透彻的了解。比起我们能做的，他能更好地分析自己。这样我们再次希望，一切会有一个好结果。与此同时，所有与希望相悖的细节线索，所有会使自己的期望显得幼稚、不切实际的东西又都能变得无影无踪。我们不愿意出现冲突，也许这也是一个原因。对一位不想听劝的朋友，谁还想说什么？谁愿意干预他人，谁愿意惹人烦、伤和气？于是这种欺骗性的希望还会继续掩盖很可能是显而易见的事实：有人病了，在毁自己。

担　忧

> 一旦我占据了一个人的内心，
> 一切对他都没了用处，
> 太阳不再升落，
> 世界罩下永恒的朦胧。
> 外部感觉健全，
> 内心却一片昏暗，
> 他不再知道怎样将所有珍宝
> 变为己有。
>
> ——摘自约翰·沃尔夫冈·冯·歌德《浮士德》
> 悲剧第二部分

"一旦我占据了一个人的内心，一切对他都没了用处。"歌德在《浮士德》中让"担忧"这样解释自己。午夜时分，"四位老太婆"——"缺陷、困苦、债务和担忧"来到宫殿拜访渐渐衰老的浮士德。可是门锁着。只有担忧一人通过锁孔溜了进去。浮士德发现她时,试图同她保持距离,对她的话只顾躲避。("别说了!你不要到我跟前来!/我不要听这样的废话。/走开!走开!你破话连篇,/再聪明的人也能让你迷惑。")浮士德非常清楚"担忧"具有的影响力,她能将寻常的日子变成"一团糟",因为她能让所有财富、所有幸福变得微不足道,并以黯淡的面纱将所有美好的前景罩住。然而,不管浮士德怎样努力,他仍不能摆脱"担忧"。最后她在离开之前,对浮士德吹了一口气,浮士德失明了。

正如歌德对我们所描述的那样,担忧会占据一个人的内心。随着浮士德的失明,他(的视野)失去了外在世界,只能"看到"败坏他生活的恶怪,因为这些恶怪会让一切显得可疑,显得岌岌可危,显得困难重重。"希望"会淡化、无视与乐观预期相抵触的一切,而"担忧"会拒绝可使预感失效的一切。

当然,适宜的担忧形式还是存在的,这种担忧涉及的是对他人的关注、关心,照顾与照料。在这点上,担忧关注的是,通过自己的力量去提供帮助,去看、去了解更多的情况。不让自己受质疑的担忧,会忽略一切与担忧相左的事物。这种担忧(如同爱和希望)也会将视线投向世界上的某些事物,因为它们估计是引起担忧的(假想的)理由。就像泰坦尼娅可以陈述她爱上波顿的原因,尽管波顿本身不是爱的直接原因，担忧也可以关注某些事物，尽管这些事物无需被担忧。担忧的对象并不一定是担忧的原因。而且，担忧的对象有时也被造就成适于担忧。

如果有人认为地球是一个圆盘，就会担心有一天会掉下去。这种对掉下深渊的担心不难让人推想而知：如果地球是一个圆盘，就会有一个边缘，这个边缘让人有可能掉下去。深渊与边缘的联想，以及对此的担忧、害怕都完全合乎情理。认为地球是圆盘，认为每人都可能从边上掉下深渊的人无法理解，别人怎么可以保持无动于衷，怎么能大模大样、轻松自如、放松地生活下去，就好像这个危险不存在似的。担心每个人都可能掉下去的人，他们不明白，人们为什么不为消除这个危险做些什么。他们对不知情政治家的不作为失望至极，认为他们不能更好地保护自己的公民，不能在深渊前面建起安全区域，这样的考虑本身不无道理，可是政治家们居然宣称：根本见不到深渊。事实是：地球不是一个圆盘。

也许那个问题，那个果真值得人们担忧的问题太大、太模糊不清，以至难以让人理解。也许那个造成担忧的问题不想让人理解，因为它会给人带来恐惧，恐惧会令人一蹶不振。于是担忧会寻找另一个容易针对的对象，此对象不会令人无能为力，反会让人跃跃欲试，至少暂时可以。这就是说，在一段短暂时间里，对担心出现的可怕的具威胁性的现象，可以令人忽略，或者用其他较易对抗的将它们取代。

当前，担忧正在获得惊人的增殖。据称，此担忧是合理的不满及冲动的表现形式，它必须在政治上受到严重关注，并且绝不允许受到批评。好像未经过滤的感觉本身就是合情合理的似的；好像未经思考的感觉拥有自己的合法性似的；好像感觉不只应被感受，还一定要在公开场合被无所顾忌地展露、表达出来似的；好像每一种斟酌考量，每一种怀疑形式都会对自己的感情与信念起抑制作用，都会阻碍在满足自己要求时使用令人难以接受的方式。此等担忧已被提升为一个具特殊权威性的政治范畴。

当然，总存在着社会、政治或经济方面的，可进行公开辩论的担忧。当然，那些受到较少保护、比他人更易受伤害的人，那些对日益增长的社会不平等，对子女升学机会、晋升机会不均衡及其不安全性，对社区的资金匮乏及公共机构日益严重的管理混乱等问题忧心忡忡的人，他们的担忧都是可以理解的。当然，这样的提问同样合情合理：政治管理及福利分配方面的困境及对它们的质疑是如何产生，从何产生的？对移民现象的不同政治反应，我也有不少担忧疑惑：现今住房政策为何这样短视，为何极力阻碍在偏远地区尽快建造廉价的居住地，认为这样的居住地会在将来成为社会性、文化性的"贫民窟"吗？我们应该有一个怎样的教育政策，使它不仅可以促进年轻男子走入劳动市场,还有利于他们的母亲提高语言能力,是因为她们的子孙将在这个语言环境中长大成人,还是因为这是当局的语言,她生活环境的语言?还有:如何保护难民免受蔓延开的种族主义及其暴力的危害;如何避免不同受边缘化群体之间苦难及贫困的等级化;如何建设一种回忆文化,同时又不使它变成排挤他者的种族历史;如何能公开、拓宽对历史的回忆,并在其中保持与"纳粹大屠杀"的联系。这些都是令人担忧的,尽管我不能说它们有多必要,但它们都可直面公开讨论、直面理性评判。

与此相反,现在"忧心忡忡的公民"这个概念似乎成了一个挡箭牌,以抵挡对忧虑原因的理性质疑。好像在公众讨论中,担忧本身就是很有说服力的论证似的,好像担忧不单是一个合理或不合理、适宜或不适宜、理性或过分的情绪似的。好像对担忧就像对待爱情和希望一样,不能去问:它到底担忧什么,担忧又是如何触发的,担忧的原因与对象是否对得上号。歌德在《浮士德》中描述道,让忧虑占据身心的人,他的目光会变得昏暗,忧虑会让他看不到什么是安全稳定,所有幸福与富足都因而被遮蔽,不会被看到。但人们仿佛认为担忧并不会造成歌德笔下的后果。

当然,绝不可以对担忧者进行贬低。但是,他们必须允许他人将他们所谓的担忧做一些详尽的分解考核。担忧者还必须接受人们将担忧与女哲学家玛莎·

努斯鲍姆（Martha Nussbaum，1947— ）所述的"投射性反感"（Projektive Abscheu）[5]区别开来，此"投射性反感"表现为：名义上要保护自身，实则要防御他人。社会上存在着大量的可阻止人提供社会帮助或产生同情的情绪，而且这些情绪完全不同于担忧。对于努斯鲍姆来说，这些情绪包括害怕和投射性反感，还有自恋。

目前，说到"忧心忡忡的公民"，首先要搞清楚的是，他们不是能在政治及道德上接受批评的人，他们也不属于种族主义者或右翼极端分子。谁也不想做种族主义者。即便是种族主义者也不想做种族主义者，因为至少这个种族主义者的标签（尽管这也许不再是它的本意）是社会上的禁忌。因而担忧是起遮盖作用的感觉，是披在固有的仇外心理上的、以抵挡各种批评的外衣。担忧之名下，禁忌受到回避的同时，也得到了渗透。全社会对仇外心理的拒绝得到了确认，同时也受到了质疑。因为在担忧的表面形式下，隐藏的是反感、不满和歧视，这一切都会在担忧的名下变得可以接受。

"忧心忡忡的公民"仇恨移民，他们很愿意将穆斯林妖魔化，他们决然拒绝看上去与他们不同、爱的不同、信仰不同或思想不同的人，很愿意视他们为低等类群，然而，所有这些信念和情感都戴有所谓不可触犯的担忧的面具。"忧心忡忡的公民"据说就是不可侵犯。担忧在道义上能受什么谴责呢？好像社会什么都该允许，好像社会不该给出可以接受和不可接受的标准，因每一个规范都可限制个体以自我为中心的自由。

现在"忧心忡忡的公民"问题，涉及的已不再仅是藏在这个名称后面的那些"培集达"①组织的追随者及"德国的选择"（AFD）的支持者，一些记者也帮助为此等情绪给予奇怪的美化。他们本应对这些担忧的起因与对象进行平静的区别分析才对。他们本应为担忧给出理由——如果理由可以给出的话；并对担忧给予批评，如果它们缺乏事实与现实基础。新闻工作者的责任不是要对所有读者表示赞同，不是要对大大小小的社会团体给予肯定性的关注，而是要对其动机、论点、策略及方式方法进行分析，需要时要进行认真探讨评判。

十分必要的是，我们应该提出这样的问题：由"担忧外衣"包裹着的恨，它们有没有可能是集体性权利遭剥夺经历的转化形式（或出气孔）？有没有可能是被边缘化及政治展示能力缺乏的替代形式？这样的话，对其原因进行理性调查便尤其重要，即要考核：目前在众多场所释放出的以仇恨及暴力为形式的能量由何而来。除此之外，各个社会群体还应进行自身考

---

① 一个右翼组织，简称PEGIDA，全称为"反对西方伊斯兰化的爱国欧洲人"。

核,看看那些遭伤害感为什么不能被及早发现,而那些仇恨及极端言论正是遭伤害感的错误的表达形式。还需思考的是:哪些思想障碍会使人们对社会不平等造成的不满难以察觉?

那些主要由负向经历形成的群体和圈子,为什么很容易倾向于法西斯主义及种族主义,这里我很愿意援引法国记者迪迪埃·埃里蓬(Didier Eribon,1951—)在让-保罗·萨特(1905—1980)有关论述基础上发展的见解:某些他称为"系列"的特定群体,会通过被动的不加思考的适应过程,形成狭隘的对抗氛围。此等系列的产生,出自一种社会现实面前的渺小感觉,此感觉不与某使命或某理念相关联、相等价,不是积极的自我意识。[6]埃里蓬尤其认为,法国工人阶级倾向于国民阵线党①。这些组织及运动很少有自信的政治目标,受到负面的物质因素影响较多,对其起因进行深入分析,必然也有益于对其他利益团体的理解。种族主义或极端主义总会为自己要形成组织寻找借口,而不提这些个体为什么会联合起来的真正原因。"如果一个组织缺乏调动能力,缺乏自我审视能力,不能协调行动,那么种族主义范畴便会取代共同体范畴。"[7]

在这样的意义下,也许很有必要打破种族主义及

---

① 法国右翼党派。

极端民族主义模式（以保护那些受他们侮辱的人），然后将被疏忽已久的社会问题揭露出来。那些既极端狂热又非自由主义的教条主义者，他们的特殊悲剧也许在于：他们偏偏不能给出政治上不满的合理原因。"'担忧'声称要寻找问题的解决方案，而事实上，它的危险是，在寻找解决方案的路上挡道。"[8]

仇恨与歧视（1）：集体性的敌视人类（克劳斯尼茨①事件）

> 怪物性及可被视而不见性是他类的两个亚种。
> ——摘自伊莱娜·斯卡利（Elaine Scarry, 1946— ）
> 的《他类的困难画面》

他们在看什么？ 他们看到的同我有什么不同？这个视频很短。也许太短了。你可以重复地看，可还

---

① 一段录制于 2016 年 2 月 28 日的视频显示，难民乘坐的大巴抵达位于德国东部克劳斯尼茨（Clausnitz）的避难所时，遭到了聚集在车外的大约 100 名反对者的言语辱骂，许多孩子被吓哭，不敢下车。此视频迫使德国总理默克尔再次站出来捍卫自己的欢迎难民政策，称辱骂行为是令人厌恶且不正当的。克劳斯尼茨由此出名。

是不能理解。屏幕上四周漆黑，如同披着一件大衣，中间有一行光亮的黄绿色字体"旅行享受"，左边有个黄色的四角形，估计是公交车的后视镜，画面上你只能看到站在车外的人们的后脑勺，他们的手正伸向车内的乘客，他们拇指竖起，食指向前，大声高呼着："我们是人民。"在这个视频中他们不能从一开始就被看到。看到的只是作为集体性口号标志的他们的手的动作，好像这个口号在解释他们自己，或在解释对他人的仇恨。此时此刻，在萨克森州被引用的这个历史名句"我们是人民"①，说的却是："你们不是。"说的是："谁属于人民，谁不属于，由我们来决定。"9

他们都看到了什么，看到了什么人？

摄像镜头通过挡风玻璃，可以看到站在巴士前部的七个人，他们或坐或站：右前方坐着面无表情的司机，他头上的棒球帽拉得很低，罩着面部；左边前排坐着两个年轻女人，走道里站着两个男人，他们背对着外面拥挤吵嚷的人群，他们似乎在对车上的难民说着什么，其中一个男人抱着一个孩子。你只会看到两只小手紧紧抱着大人的后背。

他们在车里坐了多久？ 车子被堵了多久？他们同挡在前面喊叫的人有没有过交流？所有这些镜头里都没有体现。走道上还站着一位头戴米色头罩的老

---

① 这是1989—1990年原民主德国民众游行中提出的反对当局的口号。

太太，她看着车前暴躁的乌合之众（Meute），显然很气愤，她做着手势，还朝一边吐了一口唾沫——至少看上去是这样的。那些站在外面高喊"我们是人民"的人，似乎在释放这样的信号："你是外人""你们不属于这里""你们应该马上消失"。吐唾沫则在给出这样的信号："不能这样""我们不该受这种屈辱""这是不正当的行为""有这样行为的人民，算是什么人民"。[10]

接着，那个孩子离开了受保护的怀抱，人们第一次看到这个穿着蓝色连帽夹克的男孩，看到他脸上的表情是怎样的不平静，他好像在哭，他不明白那些标语的意思，但那些标语所表达的内容对他却是明白无误的。这个男孩本该下车。本该从前门走入黑暗，而那里正响彻着"滚……滚……"的咆哮。此时可以看到，坐在前排的两个女人相互看了看，一个女人的头搭在另一个的肩膀上，另一个正在擦眼泪。

他们看到了什么？他们那些正站在外面叫喊的人？这段发生在克劳斯尼茨的视频已经引发了众多讨论和评论。几乎所有的人都感到震惊和愤怒。有人说这是"耻辱"，是"暴民行径"，大多数人都通过语言或文字表达了他们要与此现象保持距离的态度。它首先令我惊异不已。与惊愕相伴的是不可理解。这是怎么回事？既然已经看到了那个孩子在哭泣，看到车上第一排两个年轻女性受到了惊吓，怎么还可以高喊

"滚开"?他们看着受惊的人们,但仍对他们及他们的恐惧置若罔闻。对这样的忽视能力需要什么特殊技能呢?不将人当作人看待,什么样的意识形态,什么样的情绪和心理条件可塑造出如此的态度?

在这个发生在克劳斯尼茨的事件中,人不只被隐形了,巴士车里的难民也不只像克劳迪娅·兰金描写的那个地铁里的男孩,遭到了视而不见,他们并没有被置之不理,而被当成了需仇恨的对象。哲学家奥雷尔·科尔奈（Aurel Kolnai,1900—1970）在分析敌对情绪时写道:"仇恨是采取对立态度的先决条件。"如果形成了对立态度,"那它在客观上一定是很严重、意义重大、强劲而危险的"。[11] 在此,"我们是人民"这样的口号还远不足以构成敌对状态。这里关系的并不仅是哪些人属于这里,哪些不属于。这个问题本身微不足道。新来者也可被当作无关紧要的来看待。这样的话,那天晚上,那些"人民"本可以待在家里。本可以去做更重要的事情。可发生的是另外的事情。

巴士上的难民一方面被作为个体而遭到视而不见,他们未被当作普遍的我们中的一部分,而被作为具特殊历史背景、特殊经历或特征的人遭到了否定。与此同时,他们又被当作他人,当作"非我们的"被建构、被见到。他们身上被投射上一些特征,他们被标识为令人厌恶、怪诞可怕危险的群体。"怪物性及可被视而不见性是他类的两个亚种,"伊莱娜·斯卡利这样写道,"其一过分可见,令人厌恶,另一个则无法引人注意,因而从一开始就缺席。"[12]

这个关于克劳斯尼茨的视频中,人成了仇恨的对象,在仇恨中,其对象一定被设想成了非常险恶及可怕的东西。这里有一种对现实局势的固执己见的设想。即使那些刚抵达那里的人,没有一点对立能力;即使他们没有任何财产,只在塑料袋或背包里有些逃难路上的必需品;即使他们没有用语言来表达自己,为自己辩护;即使他们背井离乡,离故乡已经很远,但他们仍被视为强大的威胁,要抵抗这种威胁,所谓的无能为力者定然会站出来自卫。

在这个视频里,巴士周围可以看到三类人:一类是有节奏地高声叫喊者,一类在观望,第三类则是警察。

到目前为止,对第一类人,对在车前喊口号的那些男人,人们知之甚少。它仍是一个分散的群体,有时被称为"暴民",有时被称为"群氓",有时又被称为"无赖"。这些称呼对我都没有意义。将人作为人来诋毁,对我是没有意义的。[13] 我们不知道他们有多大年龄,教育程度如何;不了解他们的社会或宗教背景,不知道他们有职业还是失业,不知道在他们的生活范围内是否见过难民。对这些仇恨者的传记我不太感兴趣。我也不太关心他们是否会自认为自己属于"右派",不关心他们属于哪个政治组织还是政党,不关心他们更亲近于右翼"德国的选择"还是左派,不关心他们喜欢听"萨克森热血小队"(Sachsenblut)的音乐、"吉鲁米纳提小队"(Killuminati)的音乐,还是海伦娜·菲舍尔(Helene Fischer)①的歌。萨克森州的警察会解释说,这些在克劳斯尼茨避难营地前抗议的人,大约有一百来个,大部分来自该地区。

我感兴趣的是这些人都说了什么,做了什么,我感兴趣的是他们的行动——他们正是通过这些行动,以仇恨、咆哮、抗议、诋毁而得名。要考察、评判的是行动而不是人,这样便可促使将人与其所为分开看待,促使人改变自身。这种看待问题的方法,不是要对一个人或整个群体进行判定,而是要对他们在特定情况下的所言、所为,及其目标进行判定。此等方式承认,这些人在其他情况下可能会有其他行为。所以我感兴趣的是:是什么促使他们采取了这种行动?他们的语言方式来自何处?他们的行动有何历史渊源?此等对难民的眼光以何种思维模式为前提条件?

首次发出克劳斯尼茨视频的脸书上,可以读到这样的文字:"德伯恩(Döbeln)②要自卫,我的态度:拒绝过分外来化。"[14]除了那个短片外,脸书上还晒出有关运送难民事件所谓高潮的11张照片和众多评

---

① 出生于1984年的德国女流行歌星。
② 德伯恩(Döbeln)为萨克森州一市级镇,人口22000,在克劳斯尼茨西北方向60公里处。

论。[15]照片由谁拍摄,没有给出信息。照片上显示的显然是不同的运送巴士,有的车正在抵达难民住所,有的正要离开。第一张照片画面黑暗:它显然拍摄于一个工业区,图片中间是一条空旷的马路,马路左边可见两座建筑物的局部和一辆白色巴士的半身,巴士正在驶向其中一个建筑物。图示写着:"德伯恩,静谧安宁。"后面写有:"6点刚过,在奥托立夫(Autoliv)厂房附近。抢劫与盗窃的新专业人员被运到。"

"奥托立夫"是一家瑞典汽车电子安全产品制造商,两年前不得不在德伯恩停业。自1991年起到停产,奥托立夫一直在德伯恩生产汽车座椅安全带、高度调节器、皮带扣等产品。德伯恩的这家分公司原有员工500名,在2014年完全关闭、生产线转移到东欧之前,逐步减至为246名工作人员。[16]经过同财产所有者的协商,2015年底,空置的厂房被改建成第一批难民接收处,最多可容纳400人。这是一个怎样奇怪的情绪转移:公司关闭了在德伯恩的工厂,因找不到地方发泄不满,于是迁怒于占用了那个相关空间的人?为什么清空厂房者倒没有成为愤怒的目标,成为攻击目标的反倒成了那些需要使用闲置厂房的人?奥托立夫的经理们没有被诬蔑为"抢劫盗窃的专业人员",为什么那些住进多余厂房的难民要遭此等侮辱?

另一张照片上,你只能看到一辆巴士的尾部,可见到"旅行享受"的字样。这是一家当地旅游公司的名字，在其网站上可找到对这个"旅行享受"的解释："您会在快乐的人们中度过您的假日，您可以与老熟人重新相聚，会结识友好善良的人们。"其他照片上可以看到，2016年2月18日乘"旅行享受"旅游车前来的难民旅客，都结识了哪些友好善良的人：一张照片上，一辆汽车斜在巴士车前，显然阻止了巴士通行；[17]另一张照片上，可以看到一辆拖拉机的挖斗前拉出一条横幅："我们的国家，我们的规则、家园、自由和传统"。在此相当有趣的是，不论是"家园"还是"自由"、"传统"，这些概念都不会衍生出规则来。至少"自由"与"传统"可以形成的对立没有消除。

这一系列照片以及那个视频，好像在叙述一个狩猎故事，一车难民就像最终被追赶到的在逃动物。对这个网站的经营者及同僚，这个故事显然不算不愉快（否则不会写出这样的报道，公开这样的内容），这是一个有关狩猎的故事，因而所有参与者都觉得这样处理合情合理，包括堵车两个多小时，包括对妇女及儿童进行恐吓威胁，对这样的行为，他们毫不质疑。相反，视频结束时这个狩猎协会竟再次亮相，并在他们无助的猎物面前，展现他们的愤怒与自豪。

让此等追逐、拦截变得有趣的思维方式，正是对某些危险思维的接近。这里有不同的大巴车：第一张照片在德伯恩，在克劳斯尼茨的那张，大巴车被堵……凡此种种，公开显示的都是，难民转送车抵达的场景("德伯恩,静谧安宁……")。那些人在克劳斯尼茨等了有多久,谁给他们报了信,都不可知晓。但可以肯定的是:所有堵车的人显然在寻求冲突。难民没有被那些所谓害怕他们的人避而远之,难民没有引起反感、厌恶,相反,他们被找上门,被拦阻。如果抗议者抗议的主要动机是恐惧和担忧(正如人们常说的),他们应不会去接近他们。如果你感到害怕,你会希望自己与危险者之间的距离尽可能地加大。相反,仇恨不会简单地绕开对手或保持距离,仇恨需要它的对手在唾手可得之处,这样才可将其"置于死地"。[18]

第二,在克劳斯尼茨,大巴车前的第二类人为观众。他们没有第一类人心里的恨。估计总存在这样一些人,他们很容易被轰动事件吸引,很喜欢那些出自日常生活的百无聊赖的带挑衅意味的娱乐。估计也总存在一些同僚,他们不跟着咆哮,只是惊异他人如何能如此吼叫;看到他人被划到界限之外,他们能感到的淫荡喜悦,一定大于如果他们自己也会遭到如此排斥的时候。在这些照片上,还能看到不参与的旁观者。他们站在一旁,形成相应的观众群,对那些吼叫者赠送他们所需的关注,好让他们可以声称自己是"人民"。

此类混乱事件的出现,常会产生双重效果。对观众来说,声音越响,越具挑衅性,观众有可能会越来越多。对于无法自卫的受害者,他们被迫成了这场羞辱他们的戏剧表演的一部分。此等混乱不仅会带给受害者恐惧,还会将他们呈现给观众,使他们沦为娱乐对象。乌合之众闹事是有传统的,在历史上源远流长:对遭排挤者进行公开示众、羞辱,对手无寸铁的人进行迫害,施加私刑,或者毁坏他们的住所、企业和商店,凡此种种,都是展示自己权势的方式方法。克劳斯尼茨的闹事把自己写进了此等丑闻历史,这是些对具特定宗教信仰、特定肤色、特定性行为的人进行恐怖袭击的丑闻;在此类事件中,受害人受到羞辱,不再感到安全。因为他们的躯体不是不可伤害的,不论何时。

将这段视频看了一遍又一遍后,我对这类观众的惊讶更大于大巴前叫喊的人们:这些人在做什么?他们为什么站在一旁,不干预阻止? 为什么无人劝说喊口号的人冷静下来?为什么这些旁观者将他们的行动权交给了警方?他们彼此都是邻居、熟人,都是克劳斯尼茨人;他们在学校就认识,或通过工作结识,或相识于街头巷尾;也有可能是在乘火车旅行时结识的。总之,很多人都彼此认识。为什么就没人说:"行了,我觉得现在已经可以了?"这句话在每个足球队都会产生效果。为什么就没人说:"我们走吧?"也许没人敢这样,也许情绪太狂热了,也许这群人太野了,也许要批评他们,或者单单同他们说话都很危险。

可是那些观众为什么只站在那里?他们为什么不回家?所有聚集在那里的人,都会壮大大巴前的那群人的势力；所有站着的呆望者，都在为心怀仇恨的人起一个共振放大器的作用。也许他们没有这样想。也许他们只想随便看看，就好像那不是一个针对别人的行为。也许直到一切都过去时，他们才会感到一些不舒服。那么，下面的话应该让他们做一下事后思考。每一个观望的人都可以走开，因为走开的同时便发出了这样的信号："不要以我的名义。"他们中的每一个人都可以表明：这不是我的人民，也不是我的语言，不是我的姿态，也不是我的态度。这样去做不需要太多的勇气。所需要的只是一点正直。

第三，"怒气往往会发泄到比较招人眼目、缺乏保护的人身上。"马克斯·霍克海默（Max Horkheimer）和特奥多·W.阿多诺（Theodor W. Adorno）在他们的《启蒙辩证法》（*Dialektik der Aufklärung*）一书中这样写道。[19]警方是视频中的第三类演员。他们只要站在那里，就能给人以安慰。没有谁知道，如果没有警察在场，会发生什么；无人知道，仇恨是否会升级为对难民的暴力。在此，一个可以防止暴力袭击的监管力量的存在是很重要及必要的。不过，到场的有关官员，似乎也很难平息当时的克劳斯尼茨的状况。何以如此？对此只能推测。有关大巴上状况的录像是没有的，因而我们不能知道，警官们是否对难民做了安抚工作。但即便如此，事后有关这样的尝试也没有能听到多少。图片只显示了警方观看这群人喊叫的时间,或者至少没有显示出警方做出了有效阻止。看不到警官通过扩音器发布通知,这样的情形在对示威游行的控制中本来是通常能看到的。也没有见到通告:一般出现违法行为时,违法人员会被收容,场地会被清空。这些都没有在这里看到。他们的工作好像主要针对大巴里的难民,好像他们在要求难民遵守秩序,而不是在要求大巴车前的挑衅者和观望者。从一些图片中可以看到,旁观者能怎样不受阻碍地围拢到大巴车周围,没有受到任何警官保持距离的警告。这样的警方行动,表现的是一种毫无兴致与不提供帮助之间的奇怪态度,对挡路者给出了暧昧、矛盾的信号,结果他们可以将自己的行动继续下去。

当然,有一个有利于警方的客观情况,当时的情况下的确存在这样的问题:只要人群还在大巴车前叫喊,难民就会因为巨大的恐惧而不离开大巴车。然而,警方没有向挡路者提出后退要求,以便随后可以用平静的话语鼓励难民下车;相反,只是当大巴上的难民开始对现状准备自卫时,警方才开始做出粗暴反应。要求保持秩序的不是来阻止大巴车驶入难民营的人,而是那些被恐吓被喊叫的人。大巴车上的一个男孩对车前的"人民"伸出中指后,他马上被一个全副武装的警察拖出大巴,好像他是罪犯,而不是一个遭到了大约一百人两个多小时训斥威胁的孩子。也许愿意以另外的方式解决这个问题的警官还是有的，即直接走向受惊吓的难民，让他们下车。不过这些官员显然不占上风。

*

有关堵截大巴车，或在车前叫喊的系列照片中，没有一张能表现出难民有具体的不当行为。这些照片及事后的报道中，没有对任何致使难民不受欢迎的事由做出解释；这些照片也没有任何地方涉及了大巴车上的某个个体。在这种情况下，仇恨的势力正产生于对具体现实的忽略及夸大中。仇恨不需要具体方案，不需要真正的原因，只做心理投射就已足够。仇恨涉及的是难民，难民成了投射对象，但难民并不是仇恨原因。正如泰坦尼娅爱的不是波顿，因为他是他那个样子，而是因为草药的神效引诱了她，这样说来，克劳斯尼茨的堵车者并不因为难民是那个样子而仇恨他们。正如尊重和认可是了解对方的先决条件一样，歧视与仇恨常预示着对他人的错误判断。即使在仇恨中，情绪产生的原因及倾注对象也不一定一致。正如泰坦尼娅可以给出她喜欢波顿的理由一样，克劳斯尼茨那些心怀仇恨的人也可以说出他们讨厌难民的理由——但这些理由并不是仇恨的理由。他们不过将某些特征强加给了这些及所有其他难民，说他们

"相当危险"、"令人厌恶",对他们"要仇恨"。

这种仇恨从何而来? 这种观点从何而来? 还有将难民视为"该恨"的思维定式由何而来?

仇恨不是无缘无故地产生的。它并不产生于克劳斯尼茨,不产生于弗莱塔①或瓦尔达沙夫②,不产生于法国的图卢兹③、巴黎或美国的奥兰多(Orlando)④,也不产生于弗格森(Ferguson)⑤、纽约史坦登岛(Staten Island)⑥或美国的沃勒县(Waller County)⑦。仇恨总有特定背景及相互关联,使它在其中产生,并自圆其说。为什么某些人咎由自取就"该恨",此仇恨的原因及对它的解释,必须在某个特定历史及文化框架中产生。这些理由必定会被列出,被讲述、说明,而且需一次又一次地不断重复,直至随意使用。这就是说在莎士比亚的那个故事里,那个有特殊药效的药水,必须得有人酿制。当前的狂热仇恨,往往是经过了漫长寒冷的岁月,经过了多少世代的准备酝

---

① 萨克森州极右翼恐怖组织"弗莱塔小组"(Gruppe Freital)的诞生地。
② 瓦尔达沙夫(Waldaschaff),巴伐利亚州的一个市级镇。此地发生过难民营车库纸桶被点燃的事件。
③ 2012年此地的一所犹太中学发生了一起枪击案。
④ 2016年奥兰多的一个同性恋酒吧发生了一起枪击案。
⑤ 在美国。2014年该城的一名黑人被白人警察开枪打死。
⑥ 这一章的第二部分将介绍在史坦登岛发生的悲剧。
⑦ 2015年该地一黑人女子因违反交通规则入狱,3天后被发现死于狱中。

酿得出的信念及实践产物。"群体性憎恨及蔑视表述……如果没有相应的意识形态，它们不足以产生；社会性的破坏、危险及威胁正是由社会性的蔑视与仇恨造成的。"[20]

对克劳斯尼茨的仇恨起指导作用的意识形态，不单产生于克劳斯尼茨，也不仅产生于萨克森州，它还出现在互联网，出现在各种论坛、出版物、电视访谈节目及音乐文本中，出现在所有的未将难民作为具自我尊严的人来平等看待的相互关系中。为了对仇恨与暴力进行分析，我们必须看看那些为它们打下基础，并为它们造就了思维模式的言论。[21] 为此，很值得对最先抛出克劳斯尼茨事件视频的脸书做一研究。该脸书名为"德伯恩要自卫"。这不是一个影响特别大的论坛。然而，能造成大巴车里的难民不作为人被看见，而作为怪物被看见的所有的仇恨诽谤、定式，在这里都可以找到。它只是其他无数右翼组织、培集达（PEGIDA）相关团体或许多个人网页上表现出的意识形态的一个例子，此外还有许多其他例子可用来做分析。

首先引人注意的，是将现实有意识地狭隘化的方式。这里看不到任何参考资料，看不到任何难民以自己的幽默描述的他们的音乐天赋、技术技能，及他们的才智、艺术及情感特征。此外，也没有关于某个单个难民的缺陷、弱点或古怪的描述。事实上，根本不存在什么个体，只有替代词。每一个穆斯林男人、每一个穆斯林女人（当然主要针对穆斯林男人）在这里都代表穆斯林全体。为此目的，哪个穆斯林或移民会被工具化，完全是随意武断的指定。只要利用他们作为个体的案例，那整个群体的所谓不良行为便得到了证明。

仇恨者的世界就像电视节目"档案号XY——未破解的案件"①，只是得去掉后面的"未破解的案件"几个字。有罪的总是伊斯兰教，总是穆斯林移民。据说每个难民不论男女，犯罪能力都与生俱来。我们被告知，这个社会一直处于紧急状态，在这个社会中，没有幸运的私人空间，没有让所有人感到惊奇的经历，没有误解丛林，没有感人的，也许也会是负面的、令人焦头烂额的相处经历。在这个世界里没有什么是正常的。只有被称为常态的轰动的紧急状态。这个世界已失去了真正的文化、社会乃至政治意义上的多样性。谁都不会受到伤害的运动是没有的，快乐的体验、快活的事件也是不存在的。这里没有什么可让人感到轻松、有趣的事物。

世界如此这般地被定性后，会出现什么情况呢？总要与特定角色、特定社会背景、具特定品格特征的人交往会有怎样的体验？开始时并不会产生仇恨，但很危险的是，这种狭隘化会破坏人的想象力。如

---

① 这是德国电视二台的公开通缉案犯节目，将案件公开，向公众寻求帮助。这里指仇恨者的脑子里全是刑事案件。

果难民总是,而且只是作为一个群体而不是作为个体出现,穆斯林总是,而且只是作为恐怖主义分子或落后的"野蛮人"被描述,这会对专题讨论及出版物产生十分有害的影响,使人们几乎不再有可能将移民再想象成什么别的样子。想象的空间小了,同情关注也就随之减少了。具无数可能的穆斯林性或移民性得到了削减,削减成了一种形式。在此,某个个体替代了群体,群体则总与此等属性相等同。只通过这些渠道了解新闻的人,他们只能得到对世界、对人的过滤后的视野,他们会时时受到这种固定联想链的影响。随着时间的推移,对穆斯林或移民做另外的想象便几乎成为不可能。想象力遭到了破坏,剩下的只有思想短路,其形式为:直截了当的盖棺定论。

人们应该从另外一些角度来想象这种对现实的狭窄化,比如:如果某些脸书、报纸,或电视节目,只有在一个人犯罪时才提及他是基督徒,而且将一个基督徒的每一个罪行都同他的宗教信仰建立起因果关系。如果一对基督徒男女恋爱了,恐怕不会见有报道;你恐怕也不会见到有关基督徒律师、基督徒的税务专家、天主教的农庄主或新教的汽车修理工的报道;恐怕不会有什么关于基督教演员参与的神圣宗教合唱会或戏剧节的报道;只是如果在关于三K党的暴行,在关于堕胎极端反对者的袭击,在关于家庭暴力的犯罪个例，关于虐待儿童与银行抢劫，关于绑架或抢劫谋杀的报道中……都统统加上"基督教"这个定语，那么这样的定式将会怎样改变人们对现实的关注？

伊莱娜·斯卡利指出："对他类进行伤害的能力之所以可以如此之大，往往因为我们对他类正确了解的能力非常之小。"[22] 在此等窄化思维中，对具体对象的感受同情能力也会减弱。如果一个人不能想象：每个穆斯林、每个移民、每个变性人或每个黑人会是多么独特，无法想象他们在对幸福和尊严方面的基本追求有多么相似，就只能看到已经预见的画面，就不会认识到他们作为人也具有怎样的可被伤害性。固定的解说和可预见的画面，正是那些穆斯林（或犹太人、女权主义者、知识分子，或罗姆人）会深受迫害打击的"原因"。

那么造成这些网站前景暗淡的原因是什么：因为这一切以前就有过。这不是什么新鲜东西。此等思维定式不是什么原创，它们具有历史渊源。此等论式是永恒的，此等画面同样是永恒的。网站里引用和重复的都是陈词老调，好像它们在历史上从没出现过似的；好像没人还能记起这样的老调子是在什么样的背景下创造出来，且被滥用过似的；好像这一切都还没发生过：对外人的仇恨，对所有异己的排斥，街头咆哮，充满诽谤、恐怖的涂鸦，还有那标榜自我为民族、人民的发明；那些与人民显然不匹配者，自然成了"蜕化变质者"，成了"害群之马"。

此外，这样的思维定式——"外族男人"骚扰、侮辱"本族妇女、女孩"，所有这些都曾是纳粹的宣传内容——在纳粹反犹主义的文字及讽刺画中，曾屡屡出现犹太人袭击"德国妇女"的警告。[23] 还有"黑祸"一词，使黑人作为对"白人女性"的性威胁受到侮辱，那些相关的宣传画，至今仍以几乎相同的美学价值观流传在世，"外人"、黑人、难民又再次被标为具性威胁的人群。[24]

不报道移民犯下的罪行是没有根由的，对任何形式的性暴力都应理所当然地进行报道，但一定要提及罪犯的移民背景便很荒谬。而且，与（有时带有疏漏的）快讯相比，（如实告知的）慢报告还应更受欢迎。当然在对暴力行为进行思考时，有关对它们起决定及推动作用的社会、经济及意识形态的问题，也是思考的内容之一；就像天主教教会不同机构不同的性侵丑闻曝光后，很有必要去追问，促成天主教神职人员对青少年犯下性侵罪行的因素有哪些。在此，对独身禁欲的宗教教条、对同性恋的侮辱、对神职人员与青少年间权势与信任间的特殊关系、对集体沉默，以及对肇事者的个人生平进行细致分析也是非常必要的。在此完全可以进行辩论，而不必对天主教徒个人或教区本身产生怀疑。对于任何一个天主教教徒，都不会有人要求在公共场合与他们疏远。

专题报道性暴力事件时，如果将犯罪行为与犯人特定外形结合到一起，而在其他案件对其他肇事者的外形几乎无所报道时，事情便会变得复杂。因为这样的话，对移民和黑人的想象，便不可避免地会与"性暴力"联系到一起。我们不妨做一个反向假设：如果报道每一个犯罪事件时，都加上这样一句——案犯是一个白人，那当如何？如果让每一天的每次抢劫、每个虐待儿童事件、每个暴力犯罪，都事关赫克斯特尔（Höxter）①的白人或其他地方的"白人"；这样的话，关于黑肤色罪犯的报道定会在突然之间变得少见。当然这里并不是要说，某个或某另一个罪行相对来说具较少的报道价值，或应受较少的谴责；这里涉及的只是一个简单的考核因素，然而这个因素却将犯罪行为与案犯外形特征及其他相关特征联系了起来。

这里想再强调的是：移民犯罪事件当然是存在的。不仅存在个人犯罪，也有群体犯罪，科隆跨年夜可怕的性骚扰事件②就是其中一个例证。对此类事件坚持不懈地进行详细报道，也是必要及正确的。此外，还必须对当天事件的发展过程，以及各类案犯的

---

① Höxter位于德国北莱茵－威斯特法伦州，2016年出现一对情侣囚禁虐待两位女性致死事件。
② 在2015/2016年跨年夜庆祝活动中，德国多个城市发生了北非裔及阿拉伯裔男子（或貌似的这类外籍男人）群体性侵事件，其中以科隆火车站的规模最大。

行为特征进行有深度的详细分析，要找出所有可促使这类行为的相关因素，进行综合分析。在此，饮酒过度所起的作用，很可能与大男子主义及父权思想起的作用一样。而且，还必须考核的是，有哪些相关背景及观点，造成并滋养了对妇女、对她们自决权利的轻慢。某些特定表达及意识形态预制的轻视女性的思维定式，正是需要受到批评的。可惜，面对这类现实事件，种族主义幻想与性幻想往往会叠加到一起，正由于这种幻想的叠加，人们需对自己大脑中的那类念头及画面进行反思。这些做起来并不像听上去那么困难。

在有关克劳斯尼茨视频的解说中没有用到"种族"一词，但提到了"宗教"，提到了"文化"及"移民背景"。这些词语可以将种族主义或反犹太主义这样的社会禁忌包装起来，但这些词语中所隐藏的意识形态并没有改变。对某种群体的仇恨依然存在着，对某种群体强加上无历史根由的不可改变的特征①现象依然存在。只是没有用"种族"一词。这里使用了相同的排斥方式，用到了相似的画面，动机也很近似，只是词语有所不同。这里没有用到让人容易看到其政治目的的"警告性词语"，因而只能看到"欧美国家"、"人民"、"国家"这样的字眼，只是没有对

---

① 在此隐喻基因造成的特征。

这些词做出任何确切的描述说明。[25]

这个世界，就像那个视频设计出的那样，缺乏一切游戏性的东西，一切都是巧合。但无论如何，每个偶然事件背后都有其意义及意图。简单的人为错误或意外事故是不存在的。得在每个错误后面加上意图，每一个偶然事件都有预谋，其目的总是要加害、压制于己类。像"德伯恩自卫"这类脸书及其他无数此类公开物上，讨论的主要内容，是所谓的人口"换血"，是关于由上层操纵下的对"自己人民"的驱逐，以及由所有的他类——难民、移民、非基督徒、非白人——对"自己人民"的取而代之。内战既可怕，又是一个期待已久的电影脚本，它像一个持续的低音主旋律主导着这等思维世界。

这里是关于世界末日的叙述，它会在特定背景下不断重复，这是自身受压迫、自身败落的古老故事，这些故事会变得非常戏剧化，这样一来，自己的使命便被赋予了尤其必要并且命运攸关的特色。这个世界正在分化为两部分，一部分是正在萎蔫、绝灭的德意志民族，另一部分则是要积极促成这个趋势的人。这个世界的对手是所有公民社会的行动者，他们理所当然地帮助难民，对难民给予声援，并站在他们一边，他们被称为"善人"或"车站鼓掌者"（好像这样的说法定会让人感到尴尬）。[26]

来自外部的对自身行为及信念的批评，丝毫不会得到认真对待。在这个充满"自己人"与"外人"、"我们"与"他们"等两两对立的世界中,批评从一开始就会受到回击,会被视为审查、压制,被视为对唯一的为自己人民、自己国家、自己民族进行真正公正的抗争的制约。一种封闭的思维定式便如此形成,它让自己绝不接受任何反对与怀疑。那些威胁妇女儿童的人,那些在寻求政治避难者住所纵火的人,也不会受到他们的质疑,他们只质疑批评他们的人。批评性的报道仅是适宜地被冠以"谎言新闻"的证据,因为它们不能对爱国主义的英雄行为歌功颂德。在此偏执状态下,所有事件都在认同自己的心理投射,自己的过激行为自然也出自自卫目的。[27]

较长时间地读这样的网页,不是一件容易的事情。作为一名同性恋者及时政作家,我已经属于在此关联下的两个遭他们尤其厌恶的社会群体。尽管我不将自己视为群体,不过仇恨者不会关心这一点。像我这样作为个体的人,有着不同的特征和倾向,在他们的过滤定式中总归会被视而不见。尽管我从未站在火车站的站台上对难民拍手欢迎,我仍属于被鄙视者。根由在于我的爱情方式,我的思想与写作方式。总之,根源在我的所作所为。这对我几乎是特例。其他人会因为肤色或躯体而遭到仇恨和鄙视。我是白人,我有德国护照。这两者都属偶然,可这两者能使我与其他人分割开来,使我不会像那些黑人、穆斯林或两者兼有者,又没有证件的人,受到那么严重的仇恨与歧视。

只是这种仇恨不会只影响所涉及的对象。这些网页之所以令我不安,并不只因为它们的内容反对知识分子,或仇视同性恋。令我不安的是其非人性的言论方式。令我不能接受的是,言论总是由笼而统之的"我们"提出。问题的关键并不在于,谁应被构建成可视而不见的他者,谁应定性为怪物般的可怕。这样的仇恨也完全可以针对左撇子或拜罗伊特(Bayreuth)① 球迷。令我茫然的主要是此等狂躁行径及排挤他人的思维方式,因为被用来迫害人类的正是此思维方式。

*

不过,由克劳斯尼茨视频形成的这类脸书,只是一个小圈子。此外,抗议难民并威胁恐吓欢迎难民的人,还有许多其他圈子和场所。在此,这些极端边缘的部分容易受到忽略。只是这个圈子周围,还有很多为其提供意识形态资料的圈子,这些资料会被编成叙事故事,以名句及故事模式在网络或起居室中宣讲传播开来。[28] 为仇恨提供素材的人中,有些是永远不会

---

① 巴伐利亚州的一座小城。

暴露在大街上大喊大叫或挑拨煽动的幕后人物，因为自己的"热心"，他们会给自己罩上有教养的门面。这些人表面上不主张仇恨和暴力，言辞上却始终做着准备。这种蓄意的脚踩两只船的策略，不单是"德国的选择"政治家的一贯行径，也是所有其他将难民漫不经心地与恐怖和犯罪并列起来的人的所作所为，他们不将伊斯兰教作为寻常信仰看待，发出射击令时语调也不会抬高。

挑起仇恨和恐惧的尤其是指望从中得利者。也许这些恐惧的受益者想到了收视率的效益，或者投票数，或想到了是否能以吸引人的书名产生畅销书，或者以显著标题引起人们注意……所有受益者都要同马路上的所谓"暴徒"拉开距离，但他们很清楚如何借此为自己带来经济利益。

所谓的"伊斯兰国"（IS）的国际恐怖网络组织，也以其特殊方式属于仇恨制作者与恐惧的受益者行列：他们将发生在突尼斯、巴黎、贝鲁特、布鲁塞尔的谋杀，一一发布到了网络上。"伊斯兰国"充分利用信息交流工具，他们的目标与"新右派"宣传家制定出的目标同出一辙：就是要"分门别类"地让欧洲社会四分五裂。"伊斯兰国"的每次袭击，都不是偶尔要制造对穆斯林的恐惧，而是有预谋的。"伊斯兰国"在网上发布的每一次血洗行动录像、对手无寸铁的人质实施的每个精心策划的处死镜头、每一次大屠杀，都目标明确地要制造当地社会分化；他们希望通过人们对恐怖活动的恐惧，造成对生活在欧洲的穆斯林的普遍不信任，最终将穆斯林孤立起来。这样的希望绝非不理性。[29]

要将穆斯林与多元、开放、俗世的① 欧洲隔离开来，这是"伊斯兰国"恐怖主义的明确目标。实现此目标的途径便是要进行系统性的社会分裂。[30] 开明的现代生活中的每一种混合、每一种文化共存、每一种宗教自由都与"伊斯兰国"的意识形态背道而驰。在此，伊斯兰"原教旨主义者"和反伊斯兰教的激进分子形成了很奇特的互为镜像：他们在仇恨中，并在要求文化和宗教同质性（Homogenität）的意识形态中相互认同。因而，右翼论坛上，也常出现有关"伊斯兰国"在欧洲城市制造可怕袭击的报道。由客观存在的对暴力和"伊斯兰国"的真正恐怖产生主观心理投射，会投射到那些从暴力、恐怖地区逃离的穆斯林身上。每一次恐怖袭击都会让煽起的对穆斯林的恐惧更为合情合理，每一次流血事件都能让自由开放的社会被贬低为幻想。这样一来，也可以对一些政治家及一些时事评论家的反应做出解释：在巴黎和布鲁塞尔的恐怖袭击事件中，他们看到的主要是自己的世界观得到了客观上的确认，在此，对其进行固守显得比受害

---

① 俗世的与宗教的相对，指不受宗教制约的。

人家属的悲痛更为重要。

所有不对仇恨进行干预的人——他们本人没有仇恨，却对他人的仇恨给予宽容与理解——他们会让仇恨成为可能，并使其得到发展。有些人虽然可能不赞同使用暴力和恐吓手段，却也歧视仇恨的对象，如果没有他们对仇恨的这种暗中纵容，仇恨永远不会得到有效发展，仇恨也不会持续，不会长久，不会蔓延到整个共和国的各个地区，也不会爆发。他们自己不仇恨，但他们放任仇恨。对他们来说可能只是无所谓，只是想图舒适。他们不喜欢干预，不喜欢积极参与。他们不想被这些无趣的争端打扰、烦恼。他们只想过自己平静的日常生活，不想受到现代世界复杂性及需对事物进行精细分析的烦扰。

这些人还包括某些国家检察官，他们对难民及其住所遭受袭击，或同性恋者遭受袭击的事件进行调查时行动迟缓，还包括某些愿意相信德国证人可信，而不再去问他人看到了什么、听到了什么的官员；包括所有反感犹太人、穆斯林或罗姆人，却抑制自己不公开表达的人。他们十分小心地表达自己的抵触，将之称为小小的担忧，而不是盲目的仇恨。他们说，袭击难民营和新闻记者的那些人，他们之所以反对"精英"、反对"美国"，因他们在社会中属于跟不上趟的群体，必须认真对待他们的问题，不能对他们发泄的感受置之不理。

在克劳斯尼茨出现的仇恨不光是边缘性的。这种仇恨由来已久，它来自社会内部，它一直被酝酿着，受到了容忍，受到了忽视。仇恨所需要的并不多，所需要的只是对那些本来就拥有较少权利的人的权利进行不断的小小的贬低或质疑，所需要的只是持续不断地对当局移民政策报以不信任，需要的只是个别警察对罗姆人特别草率或较严的检查，需要的是在街上对变性人法律的高声讽刺或低声侮辱，需要的是对"同性恋维权小组"的窃窃私语，还有那种总是以"总可以说些什么吧"开头的对以色列的批评。需要的正是这样的行为与习惯、空话与玩笑、小恶意与粗暴无礼之间的大混合，它们看上去无所用心，无伤大雅，可正是这些，所有经历过它们的人，身心都会备受折磨。

这不是仇恨，也不是人身攻击。而且，在社会中，几乎没有人还会相信那些站在街头叫骂并发泄他们歧视的人。然而，通过不出声的容忍或默默认同，那个让人感到偏离常规，感到不安全、没有归属、不被接受的空间便会增大起来。这样便会造成一些区域，对许多人来说不宜前往、居住。无论在哪里，只要那些宗教信仰不同、爱的方式不同、看上去陌生的人被忽略，被视而不见，就好像他们不是有血有肉的人，好像他们根本不存在；无论在哪里，只要不合常规的人就会被推倒在地，没人帮助他们，无人向他们道歉；无论在哪里，只要有些奇异的人便会被妖魔化，那么这些地方便会形成仇恨的同谋。

*

此外，还需讲讲第二个视频。它是后来拍摄的。由一名难民拍的。画面上只能看到中间部分，左右两边都模糊不清。它显示了仇恨造成的后果，显示了仇恨在发泄对象身上产生的作用。一名戴着面罩的难民下了大巴车后坐到地上痛哭，她一边哭叫，一边用双手拍打双膝。在她身边，蹲着一名年轻女性，试图劝说她冷静下来。但她冷静不下来。所有恐惧，所有失意，一路带来的及新出现的，一切的一切都让她不能压抑在心里。她绝望地哭着，抑制不住地，不停地哭。

镜头移动起来，让人可以看到一个装饰简朴的房间，这里显然是难民营，是大巴车上的难民最终被带到的地方。[31] 人们坐着，或在地板上，或在桌边的椅子上，他们疲惫不堪、沉默不语，有的靠在墙上，有的彼此靠在一起，显然还处于惊吓之中：历经了漫长艰难的颠沛流离之后，他们仍未摆脱暴力的魔法圈，仍未能抵达他们可以放心休息、不必再保持警惕、可以无所恐惧地生活的地方。在这段视频中他们没有表达什么，只有那个女人在绝望地不住哭泣。

这些人以及大巴车上的其他乘客，他们在自己的国家经历了怎样的灾难，对其细节我们无从知晓。对他们在黎巴嫩、伊朗、阿富汗或叙利亚的战争经历，及遭驱逐的经历，我们也只能做些猜测。他们为什么而逃离，他们不得不与谁告别，深夜里他们的大脑会出现哪些恐怖画面，从这段视频中我们也无法知晓。难民在这里的经历，多么令人感到可耻；所有看过这段视频的人都深深地知道这点，他们会注意到这些人与自己想象的妖魔的不同之处。

关于克劳斯尼茨还有另外一个故事。故事中的人不是那些称自己为人民的人。他们不属于那个通过仇恨和吼叫结合在一起的"我们"，因而他们没有引起很多关注。他们没有引来观众，也没有找人来喝彩捧场。但他们也属于克劳斯尼茨。要想听到他们的故事，得先找他们的人。因为他们比仇恨在心的人平静得多。丹妮拉（她不想公开她的姓）就是这些平和的克劳斯尼茨人之一。有人对她的观点感兴趣，这几乎让她感到惊讶。我们通过电子邮箱互通了几次函件后，她同意做一次电话长谈，来详细叙述她在那个克劳斯尼茨之夜的经历。

难民到达的前一天，当地自发的"帮助难民小组"的几个成员在一起商量，应怎样以最佳方式迎接新来乍到的难民。他们问丹妮拉，她想以什么行动表达对难民的友好欢迎。他们最后决定，去克劳斯尼茨难民营送水果，另外他们还准备了一些表示欢迎的口号。丹妮拉与其他帮助难民的积极分子在难民营等待难民到来时，一起看到了大巴车抵达时遭受的围堵。在难民营里他们的处境相对安全，但丹妮拉和她的同事也受到了语言攻击。她说，当天，帮助难民小组里的一位女士被告知，她家的房子将被点燃。

丹妮拉当时看到，聚集在街上抗议的人越来越多。她认识他们，但她不站在他们一边，她留在了远处。那些是她在克劳斯尼茨的邻居，有些是有孩子的一家之主。有些人把自己的孩子也带来了，好像应让孩子尽早有些恐吓难民的经历。拖拉机出现的时候，丹妮拉还在屋内，此时大巴车距难民营约50米，其间的路被堵住了。"我们有种不祥的感觉。我们不知所措。但是很明显，那里在酝酿着什么。"大巴车最终开到难民营时，局势更加恶化，围在难民周围、喊叫着发泄仇恨的人越来越多；在此丹妮拉没有看到"抢劫和盗窃的专业人员"，没有看到什么"入侵者"，也没有看到哪个"外乡人"欺辱"我们的妇女"。相反她看到了受到威胁的人："我可以看到他们脸上的恐惧，我真为这些难民感到难过。"

这年1月，在克劳斯尼茨体育馆召开的一次会议上，已经对安置难民的计划进行了讨论。当时就有一些克劳斯尼茨人表示担忧，认为外国男人会骚扰这座城市的妇女和女孩。不过当时也有人反问道，如果来克劳斯尼茨寻求庇护的是妇女和女孩子,那会怎样?那,那是另外一回事,有人说。丹妮拉回忆起,当满载着妇女、儿童的大巴车抵达时,便不再有这回事、那回事的区别了。仇恨将一切恻隐之心置于不顾。仇恨面前不存在区别,不存在精确,不存在个体。外界不能理解的是,在这种情况下警方为什么没有逼退围堵者,为什么没有下达离场令①?

在这种情况下,那些丹妮拉和其他友人事先想好的一切,那些想好的所有热情的欢迎话语都变得没有了意义。丹妮拉说:"我终于可以接待他们了。我照顾的第一个女人精神几乎崩溃,她几乎迈不开步子。她一边哭,一边叫,后来晕倒了。我们只能把她抬到她的房间。"丹妮拉后来留在她身边,守了好几个小时。之后她还同她谈了谈,即便她们没有相同的母语。她回家的时候,已近午夜。她把水果留下了。那,那些堵在大巴前仇恨在心的人后来怎么样了?丹妮拉说,难民一进驻营地楼房,一切突然安静了下来。安静极了。

*

克劳斯尼茨只是一个仇恨的例子,一个思维定式

---

① 离场令:当聚众抗议、游行活动威胁到公共安全时,警方采取的驱离措施,以防事态恶化。

的例子，这个框式酝酿并构建了仇恨，让人既变得怪异又被隐形。在克劳斯尼茨，仇恨的直接对象是巴士车上的难民。在其他城市，在其他地区，它的对象则是肤色不同、性爱观不同、信仰不同、性别不确定的人，它的对象会是某位年轻女性或年老女性，会是头上戴犹太小帽或戴头罩的人，或是无家可归者、无护照者，以及所有可简单地作为仇恨对象加以对待者。像在克劳斯尼茨一样，他们会遭到恐吓，会受到非法对待，他们会被认为有心理疾病，会被驱逐，会受到袭击或伤害。

他们会受到的伤害会是这样或那样的，但受到伤害的多少取决于其他人是否或如何对他们提供帮助。霍克海默（Horkheimer）和阿多诺（Adorno）曾指出："怒气会发泄到较显眼的不受保护的人身上。"这样就向所有国家机构提出了要求，向警察和检查机构提出了要求，要求他们对那些以自己的仇恨和暴力占领公共空间，并将其变成恐惧之所在的人采取行动。这样也对所有的人提出了要求，要求每个人都应随时保持警觉，留意是否有人正陷入遭羞辱及歧视的泥潭，随时注意伤害及仇恨的潮汛，随时思考是否需要做出某种姿态，或做出指责或鼓励，以确保所有人的脚下，重又变得坚实可靠。

仇恨与歧视（2）：机构性的种族主义（史泰登岛事件）

> 在此，我不过想在其他人中间
> 做一个人。我只想生在
> 一个属于我们的世界，
> 可以与其他人一起去构建什么。
>
> ——摘自弗朗茨·法农（Frantz Fanon, 1935—1961）的《黑皮肤，白面具》

您看到了什么？您看到的与我看到的有什么不同？这段可在优酷网上找到的原始视频长达十一分零九秒。[32]视频中非洲裔美国人埃里克·加纳（Eric Garner）正站在一家美容化妆品商店前的人行边道上。当时正值白天，他穿着一件灰T恤，一件长到膝盖的米色短裤,一双运动鞋。他同两名便衣警察贾斯汀·D.和丹尼尔·P.在说着什么,这两位站在他身边的警察,头上的棒球帽都拉得很低。[33] 贾斯汀让加纳出示他的身份证件,并对加纳提出了什么要求——视频上无法看出。"得走开?为什么?"只见加纳张开双臂说。看不到他带有武器,他没有攻击警察,他说话时几乎没有离开原地,他没有要逃跑的打算。张开双臂的姿态是明确无误的。埃里克·加纳不明白他为什么会受到警官的纠缠,他说:"我什么都没做。"画面右半边贾斯汀警官都说了什么,观众听得不是很清楚,不过可以明显推断的是,他指责加纳在卖"*loosies*"——未上税的香烟。埃里克·加纳拍着手,说:"每次你们看见我,都找我的茬。太烦人了。"他不想被搜查,因为他不明白自己为什么要受警官检查和指责。"这事今天得打住了……站在这儿的每个人都可以告诉你们:我什么也没做。"[34]

"站在这儿的每个人"这里指的是目击者。果然,与此事毫无关联的路人参与了进来。他们不像在克劳斯尼茨那样只是旁观,而是采取了行动。也许因为他们与此事毫无关联,也许因为他们知道,这种事每天都可以同样发生在他们每个人身上。仅仅因为他们没有白皮肤。一个叫拉姆齐·奥尔塔的波多黎各人首先用手机进行拍摄。他的声音总能在画外听到。他一边拍摄一边解说,一半对着摄像机说,一半对着其他行人。从一开始,就可以听到他如何对埃里克·加纳的话进行确认。"是的，他什么都没做。"一名警察想把这位恼人的目击者赶走。但他说明自己是这里的居民后，仍坚持自己的立场。即使警官不愿意，他仍继续拍摄。虽然警察不希望有人拍摄这里发生的事情，不希望自己被拍摄进去；但这些仍未影响他们要将埃里克·加纳撵走。也许他们觉得自己是正确的。也许他们也知道，过后他们通常会被认为是有理的。还有一位过路人进行了干预。视频显示一名手拿记事本的黑人妇女走了过去，询问警官的名字。然而，即便这样也未能阻止这两名警察的后续行为。

埃里克·加纳同贾斯汀警官做了几分钟的解释，说他只是调解了一个争执，其他的什么也没做。加纳一次又一次地解释，他什么都没做。视频中他的话也一次又一次地由话外音得到了确认。然而稍后，可以看见警官丹尼尔在背景里呼话，显然他在请求增援。为什么？埃里克·加纳虽然又高又大，可他没有威胁任何人。在这种情况下，他对任何人不构成威胁。最重要的是：他到底做了什么违法的事，谁也不清楚。他为什么应该被逮捕，这是不可理喻的。也许因为他不能出示身份证件？因为他拒绝搜身？警官们要看什么？他们为什么不能放过这个又高又大，而且显得有些笨拙的黑人？就算他曾在2014年7月的某天下午在史泰登岛汤普金斯维尔区的一家化妆品商店前，因为出售"*loosies*"——未上税的香烟而引起过注意；但没有任何迹象表明，他此刻要出售未上税的卷烟。见不到装货用的包包，他们都看见了什么呢？

这些录音里没有发怒的迹象，没有反击的举动。没有任何迹象表明暴力趋势。加纳的表述与其说是愤怒，不如说是绝望。两名警官也显得没有什么特别的担忧。对这种情况他们一定受到过专业培训。再说他们是两个人，又随时可以得到增援。这位穿短裤的男人没有威胁他们。谈了四分钟后，贾斯汀忽然从腰间抽出手铐。他和丹尼尔一个在前、一个在后同时逼向埃里克·加纳。加纳喊道："请不要抓我！"丹尼尔要从后面抓他时，他试图挣扎。他不想被捕。[35] 这也许被解释为对国家权力的抵制。但加纳没有殴打任何一名警察，没有攻击他们。他高举起双手——当丹尼尔用上臂从背后按住他脖子时，又来了两名警察，于是四人一起将埃里克·加纳按倒，令他四肢着地。丹尼尔仍在他背后，他扑到加纳身上，掐住他的脖子。他们此时都看到了什么？

1952年，法国精神病科医生、政治家和作家弗朗茨·法农在他的关于后殖民社会的经典理论作品《黑皮肤，白面具》中，描述了打量黑人躯体的白人的目光："这个 N.① 是一个动物；这个 N. 又坏又恶毒、丑陋；看哪，一个 N.，今天天冷，这个 N. 直发抖，这

---

① Neger 的缩写，意为黑人、黑鬼。当代被视为歧视词。

个 N. 直发抖,因为他冷,这个小男孩在发抖,因为他害怕这个 N.,这个 N. 冷得发抖,因为这是刺骨的冷,这可爱的小男孩在发抖,因为他以为,N. 发抖是因为生气,这个白人小男孩扑进母亲怀里说:妈妈,这个 N. 要吃掉我。"[36] 在法农的描述中,一个黑人的身子发抖,会让一个白人男孩感到害怕,他不会将此发抖看作黑人冷的结果,而将之认作生气、发怒,这是被教育出来的害怕。所以法农认为,一个白人男孩,会从小伴随着一个联想链长大,这个联想链中,黑人身躯同动物联到了一起,黑人像动物一样无法预料、野性、危险,这使他一看到黑人,马上会想到"坏"、"邪恶"、"丑陋"这样的形容词,会立即想到:"他要吃我"。

应留心什么,应看什么,这都不是中立的,它有着历史格局,有着既定框式,在此格局框式中,只有与之相适宜的现实会受到关注,并得到记录。如果一个社会中,黑人身子的颤抖仍被解释为发怒,如果在白人孩子(以及成人)接受的教育中,仍被作为需回避或担忧的事件,那么埃里克·加纳[或迈克尔·布朗(Michael Brown)、桑德拉·布兰德(Sandra Bland)、塔米尔·赖斯(Tamir Rice),以及所有其他白人警察的受害人]便会被当作威胁看待,即便任何危险都不存在。这样,在多少代人接受的教育下,要对黑色身体进行虐待,不再需要真实的害怕。恐惧早已被改头换面，并在警方成了自然而然的机构性的反射。这是一种看到黑色身体便怕得发抖的种族主义的留心模式，它已转换成白人警官对黑色身体的态度，警官以此为使命：要保护社会不受这种想象中的危险的损害。他们不必有个人私仇，不必有具体的担忧，就可以限制黑色身体的权利。正是如此，眼下这个黑色身体被视作一种威胁，即便他没有行使自卫，即便他几乎已经半死[37]。

　　加纳躺在几个警官下方，左臂被弯到背后，右臂伸在人行边道上。那个警官的手臂还按在他脖子上。他们七手八脚将毫不反击的加纳肚子朝下按在地上。他们此刻都看到了什么？"*I can't breathe*——我喘不上气。"加纳说。埃里克·加纳第一次说这句话时，视频进行了 4 分 51 秒。"我喘不上气。"第二次这样说时，视频进行了 4 分 54 秒，画面上可见到对这个黑人施暴的有五名警官。他们不肯放手，尽管他们不得不听加纳绝望的呼叫。掐住他的警官，跪在地上，将他的头死死地按在人行边道上。"我喘不上气。"4 分 56 秒，两秒钟后 4 分 58 秒，加纳又说道："我喘不上气。"以后每两秒他就说一次："我喘不上气。""我喘不上气。""我喘不上气。"患有哮喘的埃里克·加纳一共这样说了 11 次，直到他再也喘不上气来，直到别人再听不到他的声音。

　　一名警官站到前面，挡住了镜头。画外音说：

"这是警察对有色人种的又一次施暴。"镜头不再被遮挡时,可以看到埃里克·加纳躺在地上,已一动不动,几名警官仍围着他或蹲或站。画外音说:"他所做的,不过是调停了一个争执。然后,事情发生了。"一分钟后,埃里克·加纳仍躺在那里。准确地说:那地上躺着一个人。失去知觉的人。但没有人想去取下这位不再能自卫者的手铐,没有人打算对他实施心肺复苏救助。他身边的警官们将这个毫无生气的人拉起来,又放了下去,就像对一个物件。他们对眼前这个人毫不关心,因为他们压根没把他看作一个人。他们看上去似乎一点不着急,对自己的所作所为也一点不愧疚,就好像他们通过自己的暴行让埃里克·加纳陷入的境地,是一个黑人所能得到的最好的境地。

伊莱娜·斯卡利在她的《他类的困难画面》一书中写道:"我们很容易忽视他人的痛苦,我们甚至有能力为他人添加痛苦,强化痛苦,而对此毫无察觉。"[38]

唯一能让人忍受这段视频的是一个证人的声音。他不能改变这可怕的事情,但他没有把目光移开,而是直面以对。这是另一种看的方式,它将所发生的事件做了别样的设置和解释,这是一种不随主流的方式。他的旁白以质疑的眼光对此事件做出了说明。他对看到的事实做出的描述是:一个手无寸铁、不施加自卫的人无故遭到了警察的暴力。他的旁白是:"他们抓的黑人，不打算抗争……他们抓的黑人，正要中止事端。"这位拍下视频的见证人叫拉姆齐·奥尔塔，他遭到推挤，被要求离开现场。后来他换了一个位置，直接拍摄"化妆品商店"门前埃里克·加纳躺倒的地方。接着视频出现短暂中断。视频显示的时间为8分钟时，屏幕上终于出现了一名女警官，她走到失去知觉的埃里克·加纳跟前，察看他的脉搏。此后没有出现任何救助行为，没有人对加纳采取任何心肺复苏等挽救生命的措施。两分钟后，那个将埃里克·加纳压住脖子、按倒在地的警官丹尼尔进入画面，他好像漫无目的地走来走去。目击者一边拍摄一边对他说道："你可不要说谎……整个情况我这里都看到了。"丹尼尔走过来，对拍视频者挥挥手，好像让目击者看到也无关紧要，好像一个白人警官看到的才是重要的，他说："不错，你什么都知道。"这个"你"听起来很有被嗤之以鼻的味道；在此等权威之下，这个"你"肯定永远不会被平等对待。这个说"你"的声调还在给出这样一个信息：证人看到了什么并不重要，因为被相信的多是白人警察，而不会是一个波多黎各证人。

除此之外还有一个从另一个角度拍下的视频。这第二个视频显然是从化妆品商店内、通过敞开的前门拍下的，开拍的时间要晚不少。此时埃里克·加纳已经一动不动地躺在地上。他的周围是些随后赶到的警官，他们时而敲敲那个沉重的身体，时而给他转下身子，时而在他的脖子上查查脉搏。其中一名警察检查了埃里克·加纳的裤子后兜——但仍没有人对这位失去知觉者进行复苏救助。现在可以听到一个女性的画外音："纽约警察局，滋扰路人……这个人什么也没做……他们不为他叫救护车……"又过去了几分钟，依然没有人来救助。看上去好像也没有人将埃里克·加纳的手铐取下。一名警察从加纳裤兜里掏出一部手机交给一位同事。大约4分钟后，可以看到一个女警官弯下身子打量加纳，给他试脉，她对他说话时，仍保持站式，别的再没做什么。又过了几分钟，救护车赶到。埃里克·加纳被抬上担架——此时镜头斜着晃着移向一侧，将警察丹尼尔摄入镜头，他注意到自己正被拍摄，对镜头挥了挥手。

埃里克·加纳死在去医院的路上，死于心力衰竭，时年43岁。他就这样离开了他的妻子、六个孩子和三个孙子。后来，法医将死亡原因诊断为"扼颈"、"胸部挤压"、"压迫后颈"——这些都是"致命的违法行为"。[39]

"他们怕！他们怕！他们开始怕我；"弗朗茨·法农写道，"我想开心，直到窒息，可这对我已变得不可能。"[40]

置埃里克·加纳于死地的扼颈并不是一时兴起而出现的，即使在这个事件中会让人有这样的印象。

1975—1983年间，仅在洛杉矶，就有16个人成了扼颈的受害者。埃里克·加纳去世20年前的纽约，住在布朗克斯区（Bronx）的29岁男子安东尼·贝兹（Anthony Baez）也死于警察的扼颈，他同样患有慢性哮喘。[41] 贝兹的情况不是因为所谓的出售香烟，而是因为踢足球：球意外地（警方也是这样证实的）飞到了一辆停靠在路边的警车上。这种置埃里克·加纳于死地的扼颈也早已不再是合法的：纽约警察局已于1993年禁止使用这项擒拿术。尽管如此，大陪审团对埃里克·加纳的死因及警官丹尼尔的行为进行了两个月的调查审理后，仍然决定不提出指控。

"直至今日，施暴者并不是前所未有的可恶，他们都是寻常人，他们可以展现一个国家的负面情绪，会利用这个国家的负面遗产。"美国黑人作家塔·内西·科茨（Ta-Nehisi Coates, 1975—）在他的《我与世界之间》[42] 一书中这样写道。施暴甚至不需要作恶，甚至不需要有突发的强烈仇恨。科茨认为，它需要的只是一种传承感，他们知道在此传承中，对黑人羞辱、歧视、虐待都不会受到处罚。它需要的只是流传下的担忧，需要的只是将黑人与危险做联想的传承，正因为如此，对他们的任何暴力行为总会被认为是常情，是合法的。在这个具历史意义的眼光下，一切具体事例，比如埃里克·加纳的、桑德拉·布兰德①的，或者查尔斯顿的伊曼纽尔非洲裔卫理公会教堂信徒们②的无助、无辜，便全没有了意义。在这个传承中，白人的偏执好像具有永恒的合法性。

尽管将埃里克·加纳置于死地的扼颈是个体行为，在这个事件中运用了这个擒拿术的只是丹尼尔一人，但此举已成为对非裔美国人施暴的白人警方暴力历史的组成部分，它最终引发的是一场要求对此现实予以关注的"黑人的命也是命"（Black lives matter）的群众运动。在非裔美国人的集体经历和奴隶制的遗产里，对白人暴力的恐惧便包含于其中。这是一个令人绝望的悖论：一方面对黑人的种族主义恐惧得到了社会认可及再生产，另一方面黑人对白人警察暴力的恐惧，却陷入了种族主义的盲区。塔·内西·科茨指出："你根本不必认为，那个掐死埃里克·加纳的警察，那天去上班时就有了要蹂躏一个人的打算。但你需要了解的是，这个警察拥有美国国家权威，并享有其行使权，这两者双管齐下的结果，必然会造成一个每年很高的遭受施暴的人数，那会是一个

---

① 2015年7月25日，非洲裔年轻女子桑德拉·布兰德因开车时涉嫌违规变道，被白人交警拦下。双方发生争执后，布兰德被捕入狱。3天后，布兰德被发现死在狱中。

② 2015年6月18日，当地时间17日晚，一名美国白人在查尔斯顿的一家黑人教堂射击，造成现场9人死亡1人受伤。

不可思议的、不成比例的数字。"[43]

对存在着的机构性歧视及机构性的种族主义的审定并不意味着,认为每一位警察都过失执法,都具有种族主义立场。自然,有无以计数的警察反感、反对、不参与对黑人施暴,或反对给予任何形式的歧视。同样,积极参与抵抗种族主义历史重负的官员也无以计数。许多地方当局,尤其注重为当地黑人解决实际问题,试图与之建立信任关系,致力于减少施暴。[44] 然而,仍存在着这两种现实:一方面拥有大量正直的个体警察,另一方面种族主义仍存在于警察机构及他们理所当然的观念中,使他们同白人相比,更容易在黑人身上看到危险。警方正是以他们的方式反射了社会上的不同态度,此等现状为美国黑人日常生活经历的组成部分。

时至今日,非裔美国人仍然在这种构建成的"矛盾"中长大成人。他们既是黑人,又是美国人。黑色似乎属于美国社会,但又永远被置之其外。[45] 一些数字可以说明美国社会的这种自相矛盾及对黑人的歧视:据民权组织"美国全国有色人种协会"统计,在美国监狱230万囚犯中,非洲裔美国人就占了100万。受到监禁判处的非裔美国人比白人多六倍。设在华盛顿的审判项目(Sentencing Project)组织的一项研究表明,涉及毒品犯罪的非裔美国人平均被判处的有期徒刑的时间较长(58.7个月),几乎与白人暴力犯罪的徒刑期（61.7个月）等同。1980—2013年间，美国有26万多非裔美国人被谋杀。相比之下，整个越南战争中死亡的美国士兵为58220名。

身为白人，对于这种构建性的对黑人的歧视通常是无法想象的。白人很容易这样想，如果黑人什么都没干，他们为什么要遭受检查？白人也很容易提出这样的问题：黑人为什么会平白无故地、没有任何理由地遭逮捕？如果他们没有构成暴力威胁，他们为什么要遭到殴打？如果他们犯的罪行同白人的一模一样，为什么他们被判的刑期要长于白人？那些不会每天经历不公正的人也可以自问，为什么还要让这个世界继续这样不公正下去？

符合常规的人可能会错误地认为，此等常规并不存在。符合常规的人往往不会注意，他们在怎样排挤他人、贬低他人。符合常规的人往往无法想象"常规"有怎样的作用，因为他们自己的被接受、被视为理所应当。但人权是针对所有人的，不只针对那些与某人相似的人。因此，很有必要注意那些被认为不可接受、不被认可、不可尊重，遭排挤的他类。很有必要倾听那些被视为非常规的人讲述他们被排挤、被忽视的日常生活及其感受，并设身处地去体验，即便它们从没在自己身上发生过。

第一次受到警察无明显理由搜查的人，感到不舒服的同时，又会接受现实而不会感到多么不快。但如果一次又一次地被毫无理由地打扰，一次又一次地被要求出示证件，一次又一次地被搜身，那对遭遇者来说，便不会再是偶然的不舒服，而是体系性的侮辱了。这里不仅包括有关机构性种族主义或警察暴力的经历，还包括那些"狗眼看人低"似的猜测、怀疑。在一次记者招待会上，在涉及遇害的黑人少年特雷沃恩·马丁（Trayvon Martin）①的问题时，巴拉克·奥巴马（Barack Obama）提到了相关的日常生活中的伤害。他以自己的经历谈及非洲裔美国人的经历：在超市里基本上被当作小偷看待，没有任何理由但就是得不到商务贷款，在马路上总要听到汽车车门的突然锁定声……总是这样，没有例外，因为他们被认为是危险的，是威胁，是鬼怪般的另类。

被认错人也是此类不快经历之一，这对那些不必每天有所体验的人来说，并不引人注意。被认错并不因为你确实与某人相像，而只因为具有同一种肤色——就好像所有黑人看起来都一样似的。我自己也曾有过类似经历，不过不是针对黑人的。在美国做讲师时，一次在我的讲座课上坐着三位亚裔美国女学

---

① 2012年2月26日，17岁的黑人少年特雷沃恩·马丁晚上去父亲家的路上被协警乔治·齐默曼看到，认为他可疑。两人产生口角，随后特雷沃恩·马丁被齐默曼在近处用枪击中胸部身亡。

生，她们看上去几乎一点都不一样。她们坐在我面前时，要分辨她们很容易，没有什么困难。可当一个女生在开学第一周来到我的办公室时，我却一时不知道她是三位中的哪一位了。尽管我以为在她面前将这点做了掩饰，但仍深感惭愧。我希望这仅仅说明自己缺乏经验。后来在柏林的一位德裔日本朋友给了我一些安慰，她说，亚洲人见到我这样的面孔，也会出现类似的情况。也许遇到非常陌生的面孔或名字时，一开始记忆起来有些困难，这不应受到指责。但应该指责的是，对此现象不进行反省，不去费心记忆这些名字和面孔，不去将这些人当作个体去做进一步了解。因为这样的话，如果不是偶尔一次，而是一而再、再而三地出现认错人的情况，这样的印象便不再是一无所知，而是歧视。就好像他们不能算作个体。[46]

如果经常遭受此等屈辱，随着时间的推移便会导致一种忧伤，所有的人都知道那种被置于视而不见及被视为怪物之间的忧伤。如果每一天或每一个星期，你在马路上，在酒吧，在与熟人或陌生人交谈时，总得一而再地为自己做解释，总得对抗错误的低估，总得保护自己免受怨恨与羞辱的伤害，这需要花费很多精力，这会损害身心健康。如果总要遭受充满意识形态的概念与规定的伤害，遭受表情及信念的伤害，这不仅令人恼怒，也令人麻木。如果一次又一次被置于仇恨面前，久而久之会令受害人沉默不语。那些被视为性欲反常,被视为危险分子、不值得敬重者或病态者,那些必须为自己的肤色、自己的性取向,为自己的信仰,甚至只为头巾做解释者,长此以往还常会失去无所忧虑畅所欲言的兴趣。[47]

在此还会出现耻辱感:如果必须由自己说明到底在什么时候,以及通过怎样的语言及手势表情、怎样的举动及信念会伤害他人,会令他人感到排斥,这是令人非常不舒服的事情。至少对我是这样。我总是暗暗希望每个人都会注意到不公正的现象,即使他们自己不必经历。我很愿意做出这样的猜测:受侮辱歧视而挺身自卫的不只是受害者,为此感到伤害的不应只是受害人,而是所有人——可以说这是我在自己生活的社会里对他人的一种道义期待,更温和的说法是,这属于我对社会的信任。这样说来,如果期待着别人参与干预,事实上却没有发生,又会令人感到有些奇特的失望。

要为自己发声总需要克服恐惧感,不仅如此,还要克服羞耻感。因为每一次反驳、每一次提出异议都需要提及自己受到的贬低和伤害。汉娜·阿伦特(Hannah Arendt)曾经说过:"你只能将自己当作被攻击者来辩护。"在她的情况是,她被当作犹太人受攻击时,她要作为犹太人来做出反应。这意味着,被攻击者总要搞清楚自己是作为什么人而受到攻击的,自己需要梳理好利害关系,知道自己要作为什么人来说话。是作为一个被视而不见的、被丑化的人,还是作为自己的日常生活通过某些表情和语言、某些法规或习惯受到制约和重压的人,还是作为不愿再忍受某一思维定式、不愿再忍受某种偏见和恨的人。

令人特别痛苦的是,因被歧视产生的忧伤几乎是不允许表达出来的。谁若讲述他受伤害的经历,谁若不能压抑自己对永远遭排挤的忧伤,他或她便通常被认作"怒者"(像"愤黑男"、"愤黑女"便是这种定式表达的例证,通过此类表达,无能为力的绝望变成了所谓主观臆想的无端愤怒),或被认作"无幽默感者"(这是对女权主义者或对女同性恋者的标准评语),或被认作"从自己的受难历史获益者"(针对犹太人的)。这些贬损性标签效果独特,首先要使受机构性歧视的受害者没有可能为自己辩护。此等方式下,受害者从一开始就被贴上了固定标签,为他们的发声制造了障碍。

从未受过侮辱的人,从来不必抵抗社会性歧视的人,从未被视而不见、被妖魔化的人,他们很难想象,那些受侮辱及伤害的人,为了不让自己贴上"怒者"、"无幽默感"或"贪婪"这样的形容词,总要尽可能地表现出快活,表现出心怀感激,而这一切是多么艰难。一个秘而不宣的期望是:请冷静对待系统性侮辱及歧视,这是一个额外负担,因为这是在认为遭侮辱、令人气愤的原因本来就不存在。

也许这就是为什么对我来说,埃里克·加纳视频中最触动我、最痛苦的时刻不是那个常被引用的他最后的话:"我喘不上气。"对我来说,埃里克·加纳视频中最令人印象深刻的时刻,是他遭到警察攻击前说的话:"*It stops today*——这事今天得打住了。"是他声音中的绝望,是简简单单的忍无可忍。他不想再容忍一次又一次地被检查、被拘禁,不想再接受被派给一个不被公正对待的角色,这是一个黑人的角色,一个应该接受不断的被羞辱被贬低,且一声不响的角色。"这事今天得打住了",这还意味着某种看人的眼光应该消除,这种眼光让人被视而不见或被妖魔化,像那个地铁里的男孩受到"视而不见"被推倒在地,就像埃里克·加纳那样被视为危险,即便他已经昏迷不醒,戴着手铐躺在地上。

我之所以深受触动也许还因为,我由此搞清楚了,我应该将埃里克·加纳作为什么人来纪念:那不仅是一群官员脚下一动不动的躯体,不仅是一个临死前说出"我喘不上气"的人,而是那个说出了"*I'm tired of it. It stops today*——我烦透了,这事今天得打住了"的人,这是在提出诉求:此等无止境的搜身检查的历史,此等黑人害怕白人警察的漫长历史应该结束了。在"我喘不上气"的呼声中,人们能听到痛苦与死的折磨,这句话还在美国掀起了一场抗暴运动。它是对地方警察暴力的控告。当时在场的每个警官都应听到了这句"我喘不上气",然而他们却置若罔闻;这个黑人是否真的喘不上气,他是否会死,对他们来说似乎都无关紧要。此等漠然态度之所以能够存在,只因它不会受到严重处罚。

"这事今天得打住了"不只是指当时虐待本身,而指早已冷却下来的具有几百年历史的仇恨,它存储于机构之中,以种族歧视与排斥出现在实际生活之中。"今天得打住了"针对的也是整个社会的容忍,指的是既然看上去改变不了,便舒舒服服地默认,因为这种事由来已久。埃里克·加纳以他的"这事今天得打住了"展示了他作为个体的主观尊严,表现了他不想让这个尊严被否认的意愿。

这种尊严正是每个人应该捍卫的。"今天得打住了"——这等恨,这等暴力,不论它出现在史坦登岛还是在克劳斯尼茨。"今天得打住了"——那些将民众情绪上升为政治观点的认识,那些以"害怕"、"担忧"为名,为种族主义做修辞掩饰的手段。"今天得打住了"——某些总要听到的公开言论,那些言论会让每个混乱感觉、每个内在脆弱、每个预谋论式的错误观点都作为不可侵犯、无可争辩及有价值的来看待,并不受评判性反思及设身处地的同情心的影响。"今天得打住了"——某些注入了恨的思维框架,某些定义了某些规范的思维模式,是它们使偏离规范者都被打入另类，遭受排斥。"今天得打住了"——某些导致一些人被"视而不见"、被撞倒在地却得不到任何帮助，得不到一声"抱歉"的内在心态。

二　同质的·自然的·纯正的

故乡是你的出发地 /

等我们老了，/

世界会越来越陌生，结构会越来越混乱。

——摘自 T. S. 艾略特（T. S. Eliot, 1888—1965）

诗集《四个四重奏》

旧约全书中的《士师记》一卷讲述了一个既古老又很现实的排挤他人的故事："基列人比以法莲人抢先占领了约旦河岸浅滩的渡口。如果以法莲难民说：让我过去！基列人就问他：你是以法莲人吗？他若回答，不是；他们就让他说：示播列（Schibboleth）。如果以法莲人咬不准这个字音，说错了，基列人便会抓住他，在约旦河岸浅滩上将他狂打致死。这个时期被杀死的以法莲人达四万二千人。"（《士师记》12 章 5—6）

"示播列"在希伯来语里是"谷穗"的意思，当时这个词便成了决定谁可以加盟，谁不可以加盟的"试金石"。想放弃自己的原籍、想在新家乡落脚，并

具有加入新群体的意愿,

这些都不够,还必须接受发音的检验。于是一个人能不能正确说出"示播列",便成了他能不能被接受为盟友的决定因素。这个词成了暗号,将"我们"与"他们"区分开来,将"当地人"与"外人"区分开来。

《士师记》的故事告诉我们,对以法莲人来说,这个考题事关生死存亡,又无法解答。关键就是这么一个小细节:如果他们能将"示播列"中的示(schi)音读准,他们便可获得过约旦河的通行证。如果说错了,"因为他们不能辨别这个词的发音特征,不能复述,他们便露出破绽"。[1] 这里,归属性的标准只让一方符合,另一方不符合。此标准对以法莲人是陌生的。他们没有学过这个词,也没有说过。在河边渡口说那个词,只是唯一一次机会,这是一个无法完成的考题。这个古老的故事中没有说明,以法莲人在什么地方得罪了基列人。也没有提及,以法莲人有哪些宗教或文化信仰方面的原因、哪些礼仪习俗或行为原因,会影响基列人的生活及社会环境。至于以法莲人为什么不能过河,为什么不能得到兼容,为什么会是危险的,故事里也没有给出任何解释。以能否说出"示播列"作为甄别手段,完全是随心所欲的、不可回避的武断命令,仅仅通过能否发这个音,人便不仅被定为另类,还被贬低为敌人,被视为可以受到伤害的。

这个古老的"示播列"故事在今天仍有着现实意义，因为它讲述了个人或某个群体会通过怎样的武断手段，遭受社会贬低和排斥。此事例还可推演到反宽容的思维方式，及狂热极端的思维方式，此类思维方式产生的特定规范及规定，可定出唯一正确的信仰形式，可对某一文化、某一民族、某一社会秩序的合法所属性做出规定，同时还会允许自己对任何对规定的偏离实施合法暴力。规定及其排斥对象可以各不相同，但包容及排斥技术却大同小异。那些讲述将"我们"与"他人"区分开来的故事，它们的规模、手段各不相同，造成的结果却都是要对"他人"应受到的社会认可进行制约，对其公民权利进行削减。有时这种"示播列""仅仅"为了辱没，有时甚至可以成为施加暴力的理由。

显然，要为一个社会文化群体的习惯与信念找出标志，是没有任何问题的。私人团体或组织也理所当然地可以建立自己的入会章程。宗教组织可以为自己的团体制定特定的仪式与信仰章程，以展示自身的独特性。有些团体会规定固定的休息日，有些规定特定的着装，有些会认为固定的祈祷仪式同仁慈的施舍一样举足轻重，有些相信三位一体，有些相信回生转世。当然，这些规定与信念也确立了（想）归属与不（想）归属此团体者的分界线。正因为如此，新教徒得以与天主教徒区别开来，大乘佛教信徒得以与上座部佛教徒区别开来。这些都完全合理合法。然而，所有这些规定在内部也存在争议，随着时间的推移，经过不同的历史时期后，都会变得比预先希望的脆弱不堪。不过重要的是，这些团体总对那些对他们感兴趣的人、喜欢加入的人开放。他们会编造、讲述一些故事，以解释有关入会门槛及过渡期的规定。与某些其他团体的不同之处是，这些规定不会自动导致授权施暴。[2]

在此，我尤其感兴趣的是那些发明了社会、文化、躯体有关规定的故事，因为这些规定在为某个民主国家、某个民族、某个社会秩序赋予特色的同时，又会将某些个人或某个群体视为"外人"或敌对势力，将他们置于一个法律体系之外。

我还感兴趣的是，当前可以观察到一些世界观及意识形态极端化的动向，可以观察到一些又在死灰复燃的主题与概念，因为这些主题与概念正被某些社会团体或政治行动者利用，为他们日益增长的狂热立场（及其的暴力）寻找借口和解说。我还关心那些构建"正宗"民族、"正宗"文化、"正宗"群体，并构建可遭贬低或被攻击的"非正宗"的另类的策略。

法籍保加利亚裔哲学家茨维坦·托多罗夫（Tzvetan Todorov, 1939—2017）在他的《征服美洲》（*Die Eroberung Amerikas*）一书中写道："差异会败

坏为不平等，等同性会败坏为自身性（Identität），这两大角色，会使同他类的关系空间不可避免地受到限制。"³

茨维坦·托多罗夫对不宽容现象看得非常清楚，他清楚地知道人与人之间、群体与群体之间，其外表与宗教、性别与文化之间的差异是如何不被接受。他清楚地知道，这些不相同群体会怎样导致其社会地位及法律上的不平等。他还知道，那些哪怕只有一点不同于己类的人，或距离大多数常类只有很小偏差的人，他们不仅会被简单地视为"另类"，还会怎样被突然视为"伪装的"，从而被置于不受法律保护之地。他知道，绝对等同的自身性会怎样受到强力要求，而所有的他类会怎样遭到拒绝与排斥。

现如今，能促使选出偶然差异、先天差异，并使之与社会认可，甚至与人权及公民权挂到一起的因素星丛有哪些呢？如果一个民主国家中的社会团体或政治团体，要为平等对待的标准做定义，而满足其标准的只是社会中特定的部分公民，只是那些拥有特定身躯、特定信仰、特定的爱的方式及特定语言的人能够满足，那将会怎样？根据这些标准，哪些人可以获得完全的人权或公民权，而哪些又该受到歧视，受到虐待，受到驱逐和杀戮？

这里不妨设想一些超现实的例子：如果在德意志联邦共和国只许左撇子享有发表言论的权利，如果只有百分之百听力无缺陷的人可以学木工，如果在法庭上只有女性可以做证人，如果在公立学校只许过犹太人的节日，如果只许同性恋伴侣领养孩子，如果口吃的人不许进入公共游泳池，如果沙尔克足球俱乐部①的球迷被剥夺了集会权力，如果只有穿45号以上鞋子的人可以当警察……凡此种种，都是武断规定的例证，它们却会对一个人在社会上的被认可、对其自由权利的获得、对其职位与机遇的获得产生直接重要的影响。如果一个人有能力从事某种特定工作，有能力负有特定使命，那么那些属于何类人的标准、可被授职的标准，本可以被认为是毫无意义的；对于一个人是否可以自由生活，是否可以自己决定自己的生活方式，那些标准本来也会让人认为基本上毫无意义。

与这些所列出的例子相比，许多常见的歧视、排斥异己同样具有武断和荒谬成分。那些讲述歧视与排斥的传说故事（或者具有歧视排斥特色的法律），亦富有传统，源远流长；像"示播列"在内的老生常谈，由于它们不断重复出现，以致不再容易受到质疑。那些接纳、排斥的规范，会因为它们的历史悠久，消失在社会观察的死角里。而"当地"与"外地"的分界，"真家庭"与"伪家庭"的分界，"真女

---

① 成立于1904年的足球俱乐部，位于德国中部以西的沙尔克地区。

人"与"假女人"的分界,"地道的欧洲人"与"不地道的欧洲人"的分界,"真英国人"与"假英国人"的分界,凡此种种,关系的都是"我们"与"他类"的分界线,这些分界线却是新出现的,并且新近在公众中受到高声诉求。[4]

当前很值得对那些接纳机制、排斥机制做一番考核,看看藏在其背后的历史有哪些,看看将人分门别类做区别、做标志的方式有哪些。谁可以属于哪个团体,谁不可以;谁可以被接纳,谁须受排斥;谁可以获得权利,谁必须丧失所有权利;谁可以拥有人权,谁的必须被剥夺。其实这些都是既定安排,早有先例,早有定论。这些定论有些得到了明确说明,有些没有;它们有些表现在手势表情上,有些表现在法律上,有些为行政法规、美学观点,有些表现在电影里、画面中。哪些特定人是可以接受的,属于己类、值得敬重,哪些是价值低下的、外来的、敌对的他类,正是通过这些方式方法得以体现。

*

当今,一些特定的政治组织尤其喜欢将自己的自身性宣称为是同质的(*homogen*)、土生土长的(*ursprünglich*)(或者是天然使成的),或者是纯正的(*rein*)。无论它是一个国家,还是拥有特定主权的一个区域，无论它是一个要拥有更高合法性的宗教团体，还是一个要追求完整权利的民族……至少他们在对自己的吹嘘中会出现这样的字眼：同质的，土生土长，纯正的 [不论他们是希望与东欧移民划清界限的"土生土长"的英国人，还是"反对西方伊斯兰化的爱本土的欧洲人（简称'培集达'）"组织的支持者——要抵制穆斯林影响的"纯正"的西方人]。通常情况下这三个词是被同时使用的。它们可在不同组织和团体中找到，它们显示的是此类自身性政治活动①中的不宽容潜力。政治分裂主义者也好，民族主义政党或伪宗教"原教旨主义者"也好，其自我政治定位和政治野心可彼此大不相同，他们也可以采取不同的行动策略（或暴力行为），但他们都处心积虑经营着类似的同质的、土生土长的、纯正的组织。

---

① Identitätspolitik，指强调自身性的政治活动。

同质性

> 在以语言划分并定位世界的久远的从前,
> 人类精神策划了由众多范畴构成的秩序体系。
> ——摘自德国女学者阿莱达·阿斯曼(Aleida Assmann,1947—)的《语言运用与相似性》

当今,欧洲各地的民族保守主义或右翼民粹主义政党,在地区或全国选举中取得了广泛胜利:荷兰的"自由党",2012年获选票10.1%;法国的"国民阵线党",2012年获选票13.6%,2013年获选票20.5%;匈牙利的青年民主主义者联盟,2014年获选票44.9%,成为执政党;英国独立党(Ukip),2015年获选票12.6%;瑞典的"瑞典民主党",2015年获选票12.9%;芬兰的"正统芬兰人党",2015年获选票17.7%,参与执政;丹麦的"丹麦人民党",2015年获选票21.2%,参与执政;瑞士的"瑞士人民党",2015年获选票29.4%,

参与执政；波兰的"法律与公正党"，2015年获选票37.6%，成为执政党。几乎所有这些选举中获胜的政党，都一致表达了要构建文化或宗教上的同质国家和同质人民的愿望。

"人民"这个概念具有众多含义。它到底应该拥有什么意思？谁应是"人民"？一些以"人民"的名义发起的政治运动，绝不反对民主，不排斥民主，且赞同妇女解放，赞同包容。他们更愿意强调"我们也是人民"这句话。但在一些涉及他们的政治实践和策略面前，他们或完全或部分地感到，自己被排挤在外，或者感到这些决策过程未能足够地顾及他们的要求。他们感到，自己的意愿不论在政治上，还是在媒体上都没有得到足够表达。许多群众组织或政治团体（不论他们偏左还是偏右），不论对自己国家的民主议会，还是对欧洲联盟，都批评这些机构缺乏公民参与。他们指责政治决策中对公众的（即透明的）意见构成缺乏足够的关注，抱怨（欧盟）政治机构欠缺民主基础。在这些批评中，他们呼吁共和国兑现对人民主权的承诺。

在让·博丹（1530—1596）和让-雅克·卢梭（1712—1778）的传统观念中，"人民"是一个自由平等的共同体，拥有不可放弃的最高权力。在这样的最高权力的概念下，立法权可以直接由能做自主决定的公民产生，而不必通过他们的代表。这里，的确展示了一个可以商讨并决定自己命运的人民。为此，还需有政治意愿发展进程，以作为不断更新的创建行动，创立政治共同体。在这个共和主义传统中，人民不一定是现实存在的，它首先构成于社会合约之中，是通过自身的相互抗争发展起来的。[5]

*

然而，这种自由平等的人民模式在历史上是一种虚构，从来不是所有人都确实能被视为是自由平等的。说得更清楚些，从来不是所有人都被视为人。尽管法国革命家们用人民主权取代了君主制的空缺，但不幸的是，产生出的民主社会从未像宣称的那样具有包容性。妇女和所谓的"外人"自然被排除在公民权利之外，而且几乎不需给出任何理由。连民主的人民与要同昔日贵族特权决裂的民族①，最终也与旧体制划清了界限。

此情形尤其表现在语言上，人民主权的思想、自由平等的社会合约理念的历史正是通过语言得以阐述。早先，政治秩序是通过实体（Körperlichkeit）概念得以描述的。所有人（即所有自主个体）的民主意愿，都会转变为整体的（即一个不确定的集体的）意

---

① 比如1919年推翻帝制成立了魏玛共和国的德意志民族。

愿。[6]众多的不同主张、观点与信念，需先在共同体中通过相互争议得以解释说明，达成协议，最后形成一个同质的统一整体。实体是社会的形象写照，实体坚实且具整体性，它很容易让人想到具有政治影响的联盟。人体是一个实体，包裹着一层可成为它边界的皮肤。人体容易受到病菌、细菌的侵入而引起疾病。人体必须保持健康，以免受流行病、瘟疫的侵害。首要的是，人体是一个统一整体。

这种将政治语言（及政治想象力）的生物学化过程，自然会与卫生概念联想到一起。而与人体医疗保健相关的卫生概念，又可推演到人类社会上：由此，文化与宗教的多样性，可被视为对同质民众实体的国家健康的威胁。一旦陷入这种机体政治思维定式，对于会遭到大相径庭的"外来者"的感染的担忧便会迅速蔓延开来。这样，任何差异不仅永远是差异，还会被视为是对国家同质健康机体的侵袭和污染。这是一种无病疑病的独特的自身性，产生于这样的思维定式：总担忧会受到其他实践与信念的侵染。就好像每一种他类事物、每一种对已经定义的国家规范的偏差，都会通过文化或宗教的飞沫传染流行开来。如果与其他机体的任何接触，被视作对自身的威胁，被认为必须立即避免的话，这样的"文化免疫体系"（暂且使用这个借喻方式）便不能被称为功能完善。国家机构必须保持健康——这种机体政治学的想象很容易造成对最小差异的恐惧。

这就解释了为什么当前对在自身宗教自然而然的头饰——犹太人的小帽也好,穆斯林头罩也好——已经让一些人惶惶不安。好像只要看一眼穆斯林妇女的头罩,或者看一眼犹太人的小帽,就会导致基督教信徒不再做基督徒。好像一个头罩可以从戴头罩者的头上,飘到看头罩者的头上。如果这感觉不算太荒谬,那起码也很古怪。反头罩者的一个说法是,头罩本身就是压制女性(在此做出的设定是:没有哪个女人自愿戴头罩),因而属于禁止范围,而另一些人还会将头罩视为对自己及对世俗社会的威胁。[7] 好像那块面料不仅压在戴者头上,还压在远处观望者的头上。这两种看法都具偏颇,因为假设的压制,不会来自一个头罩,只能来自强制妇女、违背其心愿将某一规定强加予她的人或某些机制。因而这两种强制规定都可以同样出自:发出戴头罩命令的主教制的宗教环境,或反宗教的家长制氛围做出的不许戴头罩的规定。

一个既要保障宗教自由权利,又要促进女孩及妇女权利的俗世社会,需时时保持这样的姿态:认真对待女性的自主决定。这也意味着需接受这样的事实:一些妇女愿意过(一如既往的规范的)虔诚生活,愿意有特定的生活方式。在戴头罩的问题上,其他人无权将此愿望理所当然地视为不理性、不民主、荒谬或不可思议。戴头罩的愿望同样值得尊重，同样应该受到保护；同样，要与虔诚信念（和礼仪）背道而驰，并由此可能与自己的传统宗教家庭背道而驰的意愿也需尊重、保护。在自由的欧洲社会，这两种自己决策的生活方式，同样受尊重。较为复杂的情况，是在公共机构戴头罩的问题，因为这里牵扯到会违反《德意志联邦共和国基本法》的第4条第1、2款——这些条款规定的是：信仰和良知自由、宗教和世界观的信奉自由是受保护的——这还会使国家在宗教及世界观问题上保持中立立场的义务陷入自相矛盾。不过，这个问题与脖子上挂十字架在教室里出现也没有什么绝对的不同。[8]

头罩问题为什么令人如此紧张？这个文化宗教的标志物显示的不过是世界上存在着有其他信仰的人。难道这就是让人受刺激的原因？如果多样性可以在公开场合见到，多样性对自身的否定便不够多。如果那些偏离特定民族"常规"的人不再只是一声不响秘密地存在，而可以在日常生活中见到：如果他们能出现在电影里（不是作为社会难题，而是作为寻常的主角和配角），能出现在教科书中——作为其他信仰、其他爱情方式、其他长相的例证，如果能安装上其他式样的厕所，以明确说明以前的厕所式样并不能统称为标准（因为它并不会让所有使用者感到同样的舒适）……这样的话，想象中的人民实体（Volkskörper）便不会受到威胁。这样的话,一个现代社会的规范的多样性便会从常规阴影中走出。

不过要对所谓宗教许可的侵犯人权行径做出反应,则是另外一回事。在这类冲突中,面对某宗教集团的要求,面对被施加危害的家庭,法治国家必须坚定不移地捍卫个体权利;这就是说,对于可怕的阴蒂切除术,以及童婚传统,以基本法名义实施的国家干预,不仅允许,而且必须。文化习俗不能也不允许取缔人权。

*

在当前的欧洲,那些再次强调"人民"(Volk)与"民族"(Nation)的政治家、社会活动家们,将这两个概念做了很窄的定义:"人民"不被展示为民众(demos),而主要当作有共同起源(至少被如此声称)、有共同语言和共同文化的民族(ethnos)成员来理解。这些党派和组织梦想着同质人民、同质民族(Nation),一心要将一个(超民族或民族主义的)自由平等的法律共同体理念"找回"。[9]他们不想看到社会在水平轴上联系在一起,而要让社会在垂直轴上相互联系,即要以民族和宗教背景来确定"我们"的成员——而不以共同的努力,不以同宪法的共同联系,不以商议性民主的公开程序来确定。这就是说成员权是遗传的。如果你父母或祖父母是移民，你得不到这种遗传，若想得到参与权，那你就得通过特殊的功绩、特殊的表白，通过对其要求的特别的符合程度来争取，因为这些标准不是对（或者不是这样对）其他人的。

对一个现代国家来说，同质文化、同质民族原则上比多元国家好的说法，很少能在理论上找到阐述。本来这可以是件很有意思的事：考核宗教统一的社会在经济上是否更成功，考核文化统一的社会是否更容易战胜生态危机，考核这样的社会成员中产生的社会不公平是否会较少，其政治秩序是否能被证明更稳定，成员之间是否更加相互尊重……这些论证本来会很重要。只是，所见的建设同质的"我们"的"理由"通常是同义词的不断重复，比如："同质民族就是有优越性的，因为它是同质的。"[10]有时也会这样宣称，自己的多数很快会变为少数，对他人的排挤仅仅是文化、宗教上的预防措施。德国民族民主党（NPD）的那些口号，如今还有"德国的选择"的口号、英国"独立党（Ukip）"的、法国"国民阵线党"的，都似乎出自同一个电影脚本，都宣称：民族不仅会变得动荡不安，参差不齐，还会被"缩小"，被"压制"，甚至会被生物学、种族主义概念中的"他类""取代"。尽管如此，同质性为什么如此重要的原因仍然没有给出。此脚本只假设"他类"蔑视多样性和混合性，正如他们自己的样子。

将一个现代国家设想为具单一文化与宗教的民族，显得尤其滑稽可笑，它既反历史，又不顾事实，只是如今它又被渴望，甚嚣尘上。一个民族应具有所谓的同质原始细胞，其中所有成员都是"土生土长的"，其中没有新加盟者，不存在多种语言，不存在不同习俗与传统，不存在不同教派……可是，如此这般的民族国家，它最后的存在是在什么时候？在什么地方？这种被视为原始的"民族"统一体，具超强影响力，不过它只是一个想象力丰富的建构。[11] 然而，被希望被颂扬的民族，几乎从不符合哪个现实社会，而总是一个对民族形象的设想，是一个社会对这个形象的接近（和转化）。因而在这个意义上，并不存在什么原始的东西，所有的不过是这个决定：去发明一个所谓的原始，以使人可以理解，使人与之达成一致。

正如美国政治家本尼迪克特·安德森（Benedict Anderson，1936—2015）在他著名的《想象的共同体》（Imagined Communities）一书中的论述，除了远古村落，所有的共同体最终都是"设想中的共同体"。实际上，每个现代国家的成员，在种族及文化方面（比如在语言、原籍、宗教上）享有很少的共同特征，所谓的共同属性往往是幻想的。"所属性是想象出来的，因为即使是最小国家的成员也永远不会认识这个国家的大多数人，他不可能见过大多数同胞，不可能听过大多数人的言谈，然而共同体的形象仍然生动地存活在他们的意识中。"[12]

那些欧洲民族保守主义和民族主义党派所表现出的，恰恰是相反的情况。他们宣称要保持自身传统的明确性，其他的，只要关系到分歧、矛盾和自身历史的复杂性，便统统需要受到纠正。这就是为什么欧洲那些带着民族主义记事簿的政治活动家，对历史研究所、博物馆、文化机构、教育机构及他们国家的教科书尤其感兴趣的原因：因为那里有让他们感到不舒服的声音和观点，有与他们的同质人民、同质民族的构建不相符的东西。因此，波兰执政党"法律与公正党"非常重视各种庆典——比如"波兰基督教化纪念庆典"——便不足为奇了。还有在匈牙利，不仅独立媒体的工作正受到法律限制，更有甚者，在一些如剧院的文化机构，尤其要将领导职位分给对他们的新民族主义理论不提出质疑的候选人。在德国选项党党章中还做出了这样的明确表达，要将文化机构当作有实质内涵的民族自身性概念的工具理解。

然而，不论是"德国的选择"还是培集达（PEGIDA），他们感到有义务保护的德国人民及德国民族的同质性，是不存在的。同质性只能通过对所有臆想的"非德国人"或"非西方人"的排斥得以产生。因而需产生不同的"示播列"，以在"真"德国人和"假"德国人之间画出界限。为达到这个目的，不存在什么是不是太小、是不是太荒谬的问题。在德累斯顿举行的一次培集达诉求游行中，一名参与者手举木棍走在马路上，棍子上面坐着一只粉色玩具小猪。另外一名游行者则戴着一顶羊毛猪头帽。小猪不是西方不负责者的形象吗？意识形态的雄心壮志、有关文化建设的雄心壮志会为此萎蔫吗？对猪我们无可指摘反对，但如果猪肉的高消费确实应是西方自身性的一个重要标志，那么对西方世界的担忧的确还是适宜的。游行示威时配上玩具小猪形象不过是个无关紧要的例子。过去几个月里，德国一些有清真寺或待建清真寺的地方，均出现有放置猪头现象。在此，此等新物神——猪肉不仅是个"示播列"，以此对穆斯林进行羞辱，它尤其还是反犹太势力的传统伎俩。

2016年5月，在儿童巧克力包装图案问题上出现的讨论，也许更能说明，在某些组织看来，一个人民的民族形象应当是：只展现由白人与基督徒组成的种族主义的共同体。[13] 这一年，欧洲足球冠军赛在法国正式开幕前夕，费雷罗（Ferrero）公司在儿童巧克力包装上换下了原有的金发男孩图片，由德国国家队足球运动员的童年照取而代之，这些队员包括有移民背景的伊尔卡伊·京多安、萨米·赫迪拉和热罗姆·博阿滕。为此引起培集达组织巴登-符腾堡分部的一位成员的抗议。他宣称,黑肤色的德国人同穆斯林德国人一样,应尽可能少地出现在广告上,因为他们会对同质民族、"纯种"民族的画面造成混乱。

对混合社会的反感,对所有自由平等的公民享有一个国家、一个基本法与一个民主实践的社会的反感,做出明确表达的不仅是培集达(反西方伊斯兰化的爱国欧洲人组织)和"德国的选择"的政治活动家。"德国的选择"代主席亚历山大·高兰德(Alexander Gauland)曾有一句说了又忘,或者是被加在他头上的一句话,他说:"人们"很喜爱足球队员博阿滕,但他们不愿意让他做"邻居"(他并没有如有人建议的那样"侮辱"博阿滕,这句话里他对博阿滕什么也没说,拒绝黑肤色者做邻居的只是所谓的"人们")。这个句子所描述的,绝不是与联邦共和国日常生活中的种族主义不沾边;不论在学术研究还是在体验中,日常生活中的种族主义现象已不断出现。[14]"深肤色者不适合进入德国"的观点,在一次(不过是在多年以前)代表性调查问询中得到了26%的赞同。从这点上看,亚历山大·高兰德的那句话本来可以看作有意对种族主义的态度提出批评。只是从那句缺乏背景的话里,很难读出此含义。不过可以推测的是,亚历山大·高兰德的这句话并不是要对怨恨和偏见进行质疑,而是要保护它们,并使其作为需认真对待的所谓担忧,使之合法化。

几天之后，对国脚梅苏特·厄齐尔的麦加朝圣之行，亚历山大·高兰德在《明镜周刊》上发表评论："因为我对足球不感兴趣，所以对厄齐尔先生的去向不太关心。但如果他是政府官员、教师、政治家或决策者，我很可能会提出这样的问题：这位去麦加的人，难道在德国民主制度中过得不好吗？"受到进一步提问时，这位"德国的选择"代主席对自己的立场这样解释道："我是要问，这个人要忠于什么。要忠于德国的基本法，还是要忠于伊斯兰教？这是一个政治性的伊斯兰教。他围着麦加城穆斯林圣堂绕行时，是不是要表明，他很接近政治性的伊斯兰立场？不过，像厄齐尔先生这样的足球运动员，对我来说不算决策者。"[15]

首先令人惊讶的是，亚历山大·高兰德为什么一再强调，他对足球不感兴趣。这当然不违法。然而这点与他的观点不沾边。如果像高兰德所暗示的那样，伊斯兰教和民主互不相容，那么只要是虔诚的穆斯林，那不管他是高级行政法院法官，还是足球运动员，都会存在同样的问题。鉴于一个国家队球员的知名度，高兰德先生应更多地关心作为球员的影响力，而不是官员的影响力。就算高兰德的观点没什么错，只是按照他的观点，厄齐尔是否忠于基本法没有受到质疑，倒是他自己是否忠于受到了质疑。因为高兰德的言论不符合基本法。所有联邦公民都可以自由从事宗教活动，既可以踏上抵达西班牙圣雅各墓地的朝圣之路，又可走上麦加之旅。这点亚历山大·高兰德当然也知道。所以他要质疑穆斯林是否属于宗教团体，正因为如此，他必须否认伊斯兰教是宗教。为证实他的观点，高兰德竟援引伊朗宗教领袖阿亚图拉·霍梅尼（Ayatollah Khomeini，1900—1989）的言论来做"证明"，即伊斯兰教是政治性的。这就好像要将70年代红军旅（RAF）创始人之一安德烈亚斯·巴德尔（Andreas Baader）的话，来作为正确的民主定义来源似的。这样一来，需提出的是忠于宪法的问题，应针对的不是厄齐尔，而是亚历山大·高兰德。厄齐尔并不怀疑，那些信或不信基督教的人在俗世的民主体制中过得不错，而且他们应享有同样权利，受到同样的国家保护。厄齐尔遵守他的教规，在此，他并没有将其他人的信仰与遵守教规，贬低为不忠诚或不民主。

"德国的选择"的弗劳克·佩特里（Frauke Petry）女士还单方面指责厄齐尔在推特上发布了他的朝圣照片（好像信仰活动只能秘密进行似的），并一再告诫他，他身边的女性都不戴头罩，他并不生活在"伊斯兰教教规"世界；此等言论致使辩论白热化。不太清楚的是，厄齐尔到底为什么应受责难：因为他是虔诚的穆斯林呢，还是因为他不是虔诚的穆斯林？不管怎样，很明显，"德国的选择"不仅要定义什么是民主

(这完全违反宪法规定),还要定义什么是穆斯林。在此,"德国的选择"对穆斯林的想象,似乎只与"原教旨"伊斯兰教徒相适应。如果一个人开明、宽容、有宗教信仰,且像大多数具其他信仰的信徒一样,会坚守特定教规(其他人会有时遵从,有时不遵从,有些还会干脆将之视为陈旧过时,不实用),这样的人对"德国的选择"的佩特里女士来说,有可能不是穆斯林。

自然的

> 没有人对你说的是：重要的是，你是什么就是什么。
>
> ——摘自德国作家萨沙·玛丽安娜·萨尔兹曼（Sasha Marianna Salzmann，1985—）的《陨石》

"我们"这个所谓的较佳形式还喜欢嵌入"创世记"式的神话故事，因为这样一来，同他人相比，"我们"的信念及自身性显得更好、更重要、更有价值；因为它可以追溯到原始意识形态或自然秩序之上。这通常是些向后看的故事，有关家庭传统及自己的生活方式。据说过去的社会是"纯正的"，那时所有的人都认同同样的价值观，遵守同样的社会公约。在这个想象中，过去的一切都"更真"、"更正确"。在这个背景下，现实通常被认作"退化"、"腐败"，或者"病态"。一些个人、一些行为或态度，都要拿来对照一番,看看它们离据说的原始理想准则有多远。

这里提出的"示播列"只是一个例证,凡此种种都是要诋毁他人,要将某个特征、某个特定躯体及某个生活方式贬低为"非自然"或"不真"。这就是说,贬低某物(某人、某概念、某秩序)不同从前了。已经有些改变了。有些没有像原始的那样保存下来了。有些不是大自然所安排、所希望的那样了。好似在质疑大自然的群落秩序了。在政治或意识形态的关联下,还会以所谓"西方化"、"对正确信仰的背离"、"现代化病"、"作孽性的",以及"性欲变态"来作为对"非自然"、"非原始性"的指责批评。[16]

这些指责大同小异,最常用到的两个词是"自然性"和"原始性"。它们会用在什么是"真男"或"真女"的问题上,用在应关注变性人、两性人的问题上,用在什么是"自然的"性行为的问题上,用在应尊重同性恋、双性恋、变性恋的问题上;还有,会用在什么是"真正的"家庭的问题上,因为所有人似乎都愿意认可传统式样的异性父母加孩子的家庭组合体。[17]

性别的"自然特征"的再度提出原因众多,既有历史因素,又会产生重大影响。性别的"自然特征"观念由基督教的想象力传递出来,并与有关神的意愿的设想相联系。神的造物如此自然,必然拥有特殊价值,以使它不可侵犯。"天然"、"原始"性别不能也不允许被作为超出任何"正常"规范之外的东西来定义。其他所有变化都会在这个逻辑下，降为"不自然"、"不健康"，不是"上帝"旨意下的，因而是"不受欢迎的"。

因此，要反对这样神圣化的性别"常态"说，策略之一是要将自然性别作为意识形态的观点来揭示。[18] 要在性别定性问题上强调其社会及标志性意义。通过对性别特征的社会性建造，打造理想的政治及规范方面的自由空间：如果性别具"男性特性"或"女性特征"，那么性别便不是简单的与生俱来的客观事实，更是社会与政治商议的结果，此结果确定了不同的存在模式，但从中不能推导出任何根本的"常规性"或价值观。

同样，还应提出的是，一个人的性别应属于"自然的"，还是属于社会构建的问题。在此，我可以忽略不提的是：同其他生活方式下及其他性关系下建立的家庭形式相比，父母异性的小家庭在历史上是否真的更"原始"，或者只不过是虚构的。这类重要讨论，水准很高，我在这里无法全部复述。

在此，我关心的是另一种论证方式。我感兴趣的是，一个躯体、一种欲望、一种生活方式的自然性（或原始性），到底与社会及法律认可有什么关系。换句话说，那些相信"自然性"和"原始性"的人到底相信什么？为什么在后形而上学的开明的现代社会，却需要从这样一个事实——某事物以特定形式出现在世界上,便要引出某个法律规定或定出某个较高地位呢?一个关于特定原始的自然现象的理念与权力是怎样关联到一起的?[19]为什么在世俗国家,一些事物有价值,一些缺少价值,一些被认可,一些缺少认可,就因为这些事物同它们2000年前(或者20年前)的样子一样或者有所不同?对基本法来说,大自然被认为具理所当然的规范意义吗?在当今的电子人时代,在3D打印机、现代生物遗传学及生育医学科技的创新时代,在这个"人类世"(Anthropozän)①时代,还应该存在什么样的可以同法律诉求挂钩的"自然性"?一个改变了的或一个不能确切定义的躯体为什么要受到较少的尊重,会被认为不很美,只能得到较少的认可呢?

*

变性人所具有的先天的外在性特征,以及他们拥有的染色体及激素状况,不符合他本人对自己的感受。这可以是一种描述。另一种可能的描述是:变性人是,他被确认的性归属不符合他本人对自己的感受。在前一描述中,起重要作用的是先天的躯体特征(或染色体和激素的状况)。在另一种描述中,躯体特

---

① 指人类经历的最新的地质时代。

征与由此产生的性归属间的联系，受到质疑，或认为具有历史偶然性。[20]

那些在自己天生躯体里及所属的性角色里感到适宜的人，对变性现象很可能难以想象。有人只要听到"变性"，就像有人看到星号（"*"），或下划线（"_"），马上跳过不读，将之作为不值得关注、无多大意义的少有之类，不愿再读下去。好像自己对此缺乏同情，好像对此就不该有同情。反之，莎士比亚笔下、韩德尔（Händel，1685—1759）歌剧或日本漫画中的那些显然更不太可能的人物及故事，却似乎属于自然而然应体谅和理解的。毕竟，少有不意味怪异或怪物，少有只意味着少有。他们只是人，是很可能会通过不寻常的故事被讲述的人。有时，他们是些具有特殊少有的特征或具有特殊经历的人，在他们争取认可的渴望与斗争中，他们的可被伤害性反射出了人类的境况（condition humaine）。变性人的易受伤害性正是如此，他们对被见到和认可的争取，恰恰反映了我们作为人的普遍的相互依赖。这样说来，变性人的境况触动着每一个人。它不只关系到同他们一样生活及一样有感觉的人。变性人的权利与所有人权一样重要，保护他们，并为他们辩护，理所当然地符合普遍主义（Universalismus）① 的思维方式。

---

① 强调事物的普遍性的思维方式。

*

估计很多人都会由于不同原因，以不很强烈的方式产生过如下感触：你不能赞同自己的某些特性特征；你的内心深处，总会感到自己不是外界看到的样子，不是被相信或被许可的样子；而且，外部的期望与评论会限制自己的可能性。变性人所面临的正是此等内在感受与外部苛求的不一致，是与生活中性角色的不一致：这是一个男人，却生活在女性躯体里；那是一个女人，却生活在男性躯体里。[21] 人会感到一种向往，一种需求，一种想（或者必须）做另外一个人、过另外一种生活、想有另外性别的愿望。某人知道，从出生之日起得到的名字并不适合现实的他本人，并不适合他要过的生活。

在我的设想中，这些就像能感受到的某种困惑的极端变种，是种自己被称呼错，或者名字被叫错、不自禁打个激灵时的感觉。被错误称呼①，或者被叫错名字，几乎可直接造成身体的不快——无论因无意疏忽，还是有意行为。[22] 身上好像有什么在造成瘙痒，令人一定要将错误纠正过来。对你不喜欢或觉得不匹配的昵称或外号也是这样。你希望在微笑中拒绝它们——即使别人是完全出于善意、爱意。在马路上或在社交

---

① 指想做男人的人被人称为女士，或者相反。

媒体上，遭遇到的口头攻击与训斥辱骂都容易让人受伤。通过这些伤害性语言，可以读出一些称呼与现实、知识与权力之间的特殊关系。[23] 一个称呼总能见证一个社会性存在。我被称呼的方式方法也决定着我在世界上的位置。如果我经常受到某些伤人的或冒犯性的语言冲击，那么我的社会地位也会为之改变。[24]

因而，对变性人来说，出生时得到的可标志性别的名字，如果不适合他们的性别角色，对他们来说会是持续的歪曲。他们不得不时时听到那个不接受并否定他们生活的名字。在日常生活中，他们总会因为注册在案的（男性或女性）名字，一而再地在官方文件中被划为自己所不希望的性别。更糟的、更受侮辱的是接受过境检查时的经历：当变性人被官员唤出，受到审讯（或受到身体检查）的时候。因此，对于许多变性人来说至关重要的是，在人口注册法许可的情况下在出生簿上做出更改（即更换出生名及出生性别）。

*

凯特琳·詹纳（Caitlyn Jenner）① 是突出的一例。

---

① 凯特琳·詹纳（Caitlyn Jenner，1949—）前美国田径男运动员。出生姓名为布鲁斯·詹纳。年轻时便出现性别不安症，认为自己是女人。接受荷尔蒙治疗后，现作为变性女性生活。

他通过医疗干预实现了自己希望的性别调整，最终在非常广泛的公众领域，打造了"变成的女性"，或"变性女性"的形象。女摄影家安妮·莱博维茨为她拍摄的具有"完美"女性气质的照片在美国《名利场》杂志封面上登出后，更是在社会上产生了轰动效应。

只要想到凯特琳·詹纳，或者说只要想到凯特琳·詹纳的照片，人们便会联想到那些变性人：通过美学上尽可能完美的性别改造设计，他们从男性变成了女性（或者由女性变成了男性）。在此意义上，变性人不仅会瓦解社会上占主导地位的性角色形象，还加强了现有的男性、女性的特征范式。如果没有他的富有，没有他本人的知名度，以及由此引起的媒体关注，凯特琳·詹纳的事例便不具代表性。这并不应该减少对她勇气的尊重。只是对许多变性人来说，由于他们的阶层、肤色及受到的社会边缘化，他们要在公众领域获得可见性及认可，便有不同程度的困难。虽然通过凯特琳·詹纳轰动性的特殊个例，"变成的女性"、"变性女性"成了明摆着的可见事实，但大多数变性人的现实生活，绝非那样光艳夺目。在美国，2013年变性人的失业率为14%（高出美国平均失业率的一倍）；15%的变性人年收入不足1万美元（与总人口的4%相比）。[25]

重要的是，生活中的变性人，并不只有一个方式。世间的变性人形式各异，他们的经历及其语言行为彰显也不尽相同。一些变性人会展示他们被视为男性及女性的不同的"示播列",有些人会玩弄它们。一些男性及女性的范式会受到嘲讽,由此得到更新,它们会被展示,会通过语言,通过歌曲,通过着装和舞步,通过握具(Packern)与紧胸衣(Bindern)①,²⁶通过美容、胡须、假发或刮胡子……或者什么都不用,使这些"示播列"得到转化。有些利用所有可利用的手段,去模拟或试着发出"示播列"中的"示"音,另一些则通过重复这个过程以改变其"密码暗号",由此改变排斥及限制机制。

要让官方的性别确认与个体的内在确信以及自我体验的性别角色相适应,此等个体愿望的表达方式也会大相径庭。一些人拒绝性别分配,因为它们不适合他们,因为它们在他们看来从根本上就需质疑。有些希望自己在生活中的性别角色能得到法律及社会上的认可,而不必为此受手术之苦。有些人希望得到所有相关的主要及次要的性别特征。对希望改变或调整性别自身性的人来说,存在不同的转变方式:可以通过激素摄入的方法,也可以通过手术干预——在手术干预方面,途径也是多种多样。"变性"可意味着"从男到女"(或"从女到男"),也可以意味着"到男性和女性之间",或成为"既不男也不女"。有些人不想被

---

① 握具指不同类型的阴茎假体,紧胸衣可将乳房包紧,使外观上不太明显。这两者均为变性男人用具。

安上一个"确切的"性别角色、被安上一个"确切的"躯体类型，而生活于另一个什么式样。27

即使在变性人之间，这个问题也存在争议：不同形式的"变性"在规范与政治上有着什么样的意义？一个性别重置手术是对"自然"躯体的"改造"吗？通过变性手术方式及决定，什么样的躯体概念及"自然性"的观念可以得到认可或受到质疑？或者说变性只纠正了什么，将之带入了适宜的形式？或者，不管怎么说，人体早就成了生物化学、医疗技术干预的产物，因此，任何关于未触及的原始人体的想象都荒谬无稽？保养、改变自己的躯体，自己塑造自己的身体，这是主观自由形式吗？是对自身忧虑的妇女解放版本吗？或者，激素疗法是不是与医药行业的可质疑的政治联盟，因为如果国家希望对人的躯体及兴趣进行监督管理，医药业就可以从中获利？

那些不满并质疑性别分配规范的人，最终会在何种程度上确认这些规范呢？西班牙哲学家保罗·B.普雷西亚多是个变性男人，对这个公众政治问题，他在自己的朋友圈里这样写道："我知道，因为（接受了）睾丸激素他们会给我定罪。……因为我成了同其他男人一样的男人，因为他们喜欢我以前当女孩子的样子。"一些变性人希望的不过就是这样：做一个跟其他男人一样的男人，或者做一个跟其他女人一样的女人。而另一些人则要放弃这种男人、女人的传统固定的形式。尤其还提出了这样的问题：激素疗法到底能产生什么作用？服用荷尔蒙的人，是不是会自动适应其主要性别形象？激素的摄入对一个人会有什么作用？仅仅通过激素疗法果真能使一个人发生改变吗？还有，它能改变他人对这个人的看法吗？对此有这样一个医学答案：如果人体血液中睾丸激素水平得到增加，这个已经习惯了由雌激素产物影响代谢的躯体，便会出现"重新编程"："哪怕最轻微的激素变化都会对整个身体功能产生影响，会影响食欲、性欲，影响对血液循环的调节、对矿物质吸收的调节，影响生物睡眠节奏，影响体力、肌肉紧张度，影响新陈代谢，影响嗅觉味觉，从而影响整个生物体的生化生理机能。"[28] 结果，"男性化"会自动产生吗？或者，所得到的"男性"特征是特定的染色体组合？是某生殖器的特定特征？或者是其他可被作为"男人的"体征、方式和习惯？

*

做出变性决定的人，过渡过程会给他们带来许多内在不安，及外界反响。[29] 内在不安包括：不知道自己的皮肤会怎样感觉，自己的声音听起来会怎样，自己的汗味会有怎样的变化，以及外表及性欲会发生怎样的变化。第一次服用睾丸激素时，保罗·B.普雷西亚多这样写道："我等待发生变化的时刻，不能准确知道的是，变化会从哪儿出现，会怎样出现，什么时候出现。"30 决定变性的同时，总意味着要听任一些不确定的动态变化，尤其是自己的变化。尽管这个变性过程没有任何违法行为，尽管它接受医生监督及国家行政管理，但这条道路既不牢固，又仍属禁忌之列。"我第一次决定服用睾丸激素时，我跟任何人都没有说起，就好像它是某种硬毒品。"① 保罗·B.普雷西亚多这样写道，"回到家，独自一人时，我才开始了尝试。我等到晚上。我把一小袋药倒进一杯水里，然后马上封上包装，以确保当天第一次服用的只是一份。我几乎还没开始，就已然觉得自己对这个禁用物有了依赖性。我藏匿起自我，观察、审视着自我，尽量保持着克制。"31

所以会心神不宁还因为担心不会被社会接受。担心没完没了被他人问及，担心得不断地重复解释，以尽可能使熟人、同事对此等变化有所了解。一方面要面对熟人圈、朋友圈，这个关系圈显然想理解这个过程，并且也有很多好心的问题。对一个人一个名字叫惯了，冷不丁的要改口，总是不习惯的事情。要让人把新名字叫得像老名字一样顺口，估计的确需要一段时间。出错也有可能，由于疏忽，由于习惯。出错也

---

① 指海洛因、可卡因或安非他命一类的化学毒品。

是可以理解的。因此，问清缘由自然有助于记住新名字，也有助于理解变性过程。另一方面，对变性人来说，总得同别人讨论自己的过渡过程会很无聊、累人。有时候，他们也愿意被视为单纯的个体，像对一个打击乐音乐家，一个养孩子的人，或一个律师。内在不安自然还因为担心手术干预会造成疼痛。变性并不能一次手术后便能"到位"，它往往需要一连串的，有时会是很痛苦复杂的手术。

*

外在阻碍主要包括有关行政、财政、心理学机构及法律机构对变性可能施加的阻碍。自1981年起在德国实施的"变性法"（TSG）中有这样的说明，变性人自己认定的性别所属有得到正式法律认可的可能。[32]有关"改变名字及特殊的性别确定之事例的法律"，规定了必须满足的先决条件，借此可以将名字改为与自我感觉性别相对应的名字（"小解决方案"），以致改变出生登记簿中的性别记录，即达到改变个人性别状态（"大解决方案"）的目标。经过多次修改后，法律不再将性别再分配手术视为能够改变出生登记簿中性别记录的先决条件。最重要的条件是，提出改变性别记录要求的人，"由于自身的变性经历，感到自身特征与出生登记中给出的性别不相符合"（强调"我"的感受)。[33]因此，决定性因素不是一贯定义的身体的自然性或单义性，不是身体是否与特定性别角色的所有特征相吻合。决定因素是，相关的个人是否认同登记簿中记录的性别。现在，在联邦宪法法院的一系列决定中，都体现出了这样的明确信念：评定性别的重要因素只是心理及情感自身性确认，而不是躯体特征。正如联邦宪法法院第一参议院在2011年1月11日做出的一项决议中指出的："自从变性法生效以来，对于变性欲问题产生了新认识……具变性欲者生活在一个不可逆转的持续的意识中：他们属于的性别，不是可由他们外在性别特征决定的，是出生时未被分配到的性别。他们在自己性别感觉中的性欲取向，同无变性欲者一样，会发生异性恋，也会发生同性恋。"[34]

然而，到目前为止，基本法保障的人格发展自由对变性人来说并不那么自由。自决权利仍然很受限制。人们已能在数不清的方面对自己的身体做出裁决。你可以使用药物，可以通过整形手术来接近自己的美学想象力；可以借助不断创新的先进医疗技术，通过假肢修复自己的身体或替换某个部位。你允许通过体外试管授精来使自己怀孕，你也可以通过重建手术治疗最严重的伤口和创伤……这一切早已在审美上、医学上成了家常便饭。只是，具变性欲者若要自我决定个性自由发展，却会在行政管理上、生物政治管理条例上面临重重阻碍。鉴于变性过程需要众多学科的理疗师、评估师、医生参与，德国社会学家史蒂芬·荷施奥尔（Stefan Hirschauer, 1960—）已将"性改变视为专业成就"。

相关部门会要求对"变性欲"事实进行调查。基层法院（Amtsgericht）需得到两份相互独立的评估，由公认称职的精神科专家做出，以确保具变性欲者的性属感觉不会再改变。如果没有这样的评估，基层法院不会允许实现个人性别改变。这些心理学评估者对"变性欲"进行诊断时，不一定只评判（像立法者所安排的）这个人是否认为自己属于另外的性别，他们往往将变性欲认作疾病，认作"障碍"。[35] 在此，他们做的是，根据世界卫生组织（WHO）编制的ICD-10——《国际疾病与相关健康问题的统计分类》手册第十版，对"变性欲"进行定性。此手册第五章的F00-F99条，列出了各种心理与行为障碍，其中F60-F69条是"个性与行为障碍。"为什么呢？为什么要将具变性欲者划在行为障碍之列？联邦宪法院不接受这种对病态的定性。所要求的只是，一个人认为自己属于另外的性别，而且这种感觉持续不断。这种人不该被定义为"病态"，这种感觉也不该被定义为"非自然的"。许多具变性欲者都抱怨，要想改变个体档案内容，基层法院不仅要有两个心理医师的评估，还要在安排好的谈话中，对自己的痛苦做尽可能可靠可信的叙述。这对一些变性者不存在妨碍，因为他们以前经历过的生活非常可怕、痛苦。有些人将这种痛苦描述为活在"错误的身体"里。另一些人的痛苦则是，时时感到自己的身体状况不被社会接受。还有一些变性人原则上并不拒绝被划分为病人，因为他们的确一直感到生活在另一个身体中，一直在顶着令人痛苦不堪的名字过日子。而对许多其他变性者来说，这种病理学评估是不可接受的。他们理所当然地要抵制令人感到耻辱的"病态"定性，在进行心理鉴定的过程中，他们希望提供帮助，以得到满足他们要求的评估报告。

美国作家、评论家丹尼尔·门德尔松（Daniel Mendelsohn，1960—）在他的《难以捉摸的拥抱》一文中，讲述了古希腊古罗马语言学业对他的特殊影响。在古希腊文中，有一个典型的复合句，由 men 和 de 连接，这两个词可翻译为"一方面"和"另一方面"。希腊文 men 在前，特洛伊文 de 在后。这样的构成表达意义对立的复合句。门德尔松讲述了这种"一方面……，另一方面……"结构的句子，怎样逐渐影响了他的思想方式："一个对希腊文学有足够了解的人，会慢慢将自己的思维同他人的联系起来。men 世界是你出生的地方，de 世界是你决定居住的地方。"[36]

关于男人特征和女人特征的思考通常会形成对立

面，即非此即彼。在此，不论在特定的历史背景下，在特定的文化中，男人和女人特征会有怎样的不同，主要要考虑的是，所谓"自然"及"初始"范畴界限不容消失，两性的基本差异必须保持，以确保社会秩序。对性别的自然性的强调，总是要求它具有不可改变的单义性。[37]

如果不存在这个单义性，一个人（通过自己的身体或自己生活中的性角色）与他出生时被确定的性别角色相违背，与两性别分类法不相符合，那么他便会在医学上被视为有心理障碍，被专家评估为"病态"。[38] 其实，应保持下来的"初始"、"天然"状态，并不一定是一个人的躯体，更多属于 men 和 de 思维结构。

在将变性者病理化问题上，涉及的不只是所希望的性别认可及档案性别项的改变会造成怎样的法律及法规影响，而且是这种耻辱会使变性人得不到他们所需要的体制与社会上的保护，这种保护之于他们，正如之于所有其他人，是理应获得的。有了这样的既定描述，变性者不仅被列入非常规之列，还成了所谓具"障碍"人士，被另眼看待，被置于孤独无助之境地。不幸的是，这样的社会性贬低，往往会在日常生活中，对变性者造成特殊方式的蔑视及暴力。[39] 对于反变性者的个人或群体，这个所谓的"病态"定论，正好可成为他们实施嘲笑、施加仇恨、进行野蛮攻击或施加暴力的极受欢迎的"正当理由"。

2016年6月在奥兰多发生了对同性恋的可怕袭击案,这痛苦的无助经历,使所有女同性恋、男同性恋、双性恋、变性者、两性之间者或酷儿们(Queer)①联合了起来。⁴⁰ 尽管我们怎样总是希望彼此有所不同,怎样总是希望作为个体独树一帜,可被伤害的感觉仍为我们所共有。总要提防在公共场所有可能遭受的侮辱和攻击;因为与正常的大多数相比,我们爱的方式不同,倾慕的对象不同,长相不同,我们冒险在路上手牵手或亲吻时,总无安全感可言,总要预见侵犯,总保持清醒的意识:我们仍是仇恨者排斥及暴力的对象。"同性恋聚集地历史上便是屡遭袭击之处。"法国作家迪迪埃·埃里蓬(Didier Eribon,1953—)在他出色的回忆录《回到兰斯》(*Rückkehr nach Reims*)中这样写道,"每条大街,公园里的每一条长椅,每一个僻静角落,都将这类攻击的过去、现在及未来承载于自身"。⁴¹

2016年5月17日是"抵抗同性恋厌恐症、变性厌恐症、双性恋厌恐症的国际日"。这天"变性人保护监察组织"(*Trans Murder Monitoring Project*)公布了以下数据:仅在2016年,不到5个月里全球已有100名变性者及性别异样者遭到杀害。根据这个组

---

① 指所有具非异性恋行为者。英文 Queer,本意指古怪的、非同寻常的。

织的数字，自2008年1月开始，截至2016年4月30日，全球已有65个国家中的2115人死于反对同性恋、反变性及反双性者的暴力。其中仅在中美洲、南美洲注册在案的这类谋杀案件就有1654例。欧洲安全与合作组织（OSZE）2014年在它的"仇恨犯罪统计"中列出了129例警察登记的针对男女同性恋、双性恋和变性者的仇恨犯罪案件，这些案件远远少于警方所记录的因反犹（413）或种族主义动机（2039）而引发的仇恨犯罪案件。然而，这个组织也统计了这一年来未向警方报案，而由民间公民行动者收集并注册的案件：种族主义背景的暴力袭击有47例，针对男女同性恋、双性恋和变性者的暴力袭击却有118例。[42]

变性者及双性者所经历的仇恨和虐待尤其具有强度。与男女同性恋者相比，他们会遭受更甚、更多的歧视和残忍的暴力袭击。重要原因之一是：他们缺少能供使用并对他们提供保护的公共场所。[43]在游泳池，在健身房更衣室，或者在公共厕所，他们总得冒着被关在门外、被伤害的风险。变性者及双性者所以会遭遇更甚的暴力，原因往往是：那些反变性反双性的个人或团体心理上就是无法接受非单义性及两性并存的事实。[44]一个东西是否会视作"非单义性"或"两性兼备"，往往取决于类别的有限。对变性人的歧视往往表现在做这样的宣称：原本的男性特征和原本的女性特征会通过变性人的性别角色造成多义性而受到损害及贬值。这种宣称很奇特,因为变性人并不想让别人改变性别,他们只想对一些定性条件提出疑问,因为这些条件会限制他们个性自由发展的权利。

*

近期有关变性人上厕所的话题,主要在美国引起了激烈争论。有十一个州对奥巴马政府提出起诉,因为奥巴马政府指示这些地方的学校,对于进男厕还是进女厕变性人拥有选择自由,取决于他们对自己性别取向的感受,而不应受他们出生时性别属性记载的制约。对此,一些州政府递交了起诉书,控告联邦政府打算"让工作岗位及教育机构变为进行大规模社会实验的实验室"。[45] 如果要将在法律及空间上保护少数人使之不受歧视和暴力伤害的努力,视为"大规模的社会实验",那么这个指控的确成立。

确实令人惊讶的是,反对此项政府指示的言论是以怎样激动的情绪、怎样的愤懑表达出来的;此项指示的内容是,那些宣称他们的生活与"初始"性别不再相符的人,应该允许得到一个专用厕所。在此,改变公共厕所标志牌的赞同者,以及开启变性人专用厕所的支持者们往往会受到这样的指责:在厕所这样一个平庸场所挂上一个平等自由的标记,实在太荒唐可笑。暂且不说这里被提及的厕所的重要性遭到了怎样惊人的低估，就算这个论题果真像所宣称的那样可笑、毫无意义，对它仍应以宽厚之心泰然处之。

这件事为什么如此复杂呢？一个开放公平的社会拥有的特征是，它处于学习状态；这不仅意味着它拥有生态问题、经济问题的决策能力，及提出解决方案的能力，还意味着，它拥有对自身评判性的考核能力，它可以提出这样的问题：允许社会参与或政治参与的准则是什么。学习型社会的特征在于，它可以考核是否所有成员都能得到同等机会和同样的社会保护，可以考核，对此是否存在有形或隐形的禁忌障碍或各种各样意识形态的"示播列"。在此不仅能够对法律及其应用进行审理，还能对其构建及媒体准则进行审核。这些应该是可行的，只要以一定的自我批评精神，以诙嘲式的好奇心。

对聋哑人，电视台理所当然地安排了带字幕手语的新闻节目；对残疾人和坐轮椅者，火车站及公共场所也安置了为他们专门设置的无障碍通道；在大多数的餐馆，哪怕是最苛刻最少见的要求也会被给予照顾……可为什么变性人就不能有适宜光顾的厕所？这里存在着广泛的理所当然的观念：我们应该尽量满足不同文化、不同健康状况、不同宗教的需求。它并不需要多少特殊缜密的思考，不需要多少特殊的能量，它需要的只是一些财政投资，以实现建材购置及建筑方面的一些变化。为变性人提供安全的公共空间也同样应是理所当然的事情：不论在游泳池还是在学校，不论在监狱还是在难民住地及遣返营地。2016年3月美国人权观察组织（*Human Rights Watch*）在一篇题为"你看没看到我在这儿有多痛苦"的文章中，报道了在美国男性监狱及遣返营中关押的变性人难民，受到了怎样的虐待。[46] 报道中还报告了变性人妇女没有被送往女子监狱，而根据他们出生时定下的"初始"性别，分配到了关押男犯的地方。在那里她们不仅要接受男性工作人员的身体检查，还会经常成为暴力袭击的受害者。连有关管理人员也已经注意到，在这样的环境里变性女人难民遭受着怎样残酷的虐待和折磨。以致为保护他们，工作人员经常将他们隔离出来，分配到单间。本来，这通常是用来惩罚犯人的残酷方式，这里却在通过隐形方式来保护变性人的逻辑下，得到了美化。

*

所有的国家及社会监管部门要做出统一规定，只因为身体或性别必须按照"天生"及"原初"进行定性吗？所有个体及团体的痛苦，所有排斥，所有的病理化都可在社会上得到接受，只因为所谓涉及"初始"的规定神圣不可触及？这个所谓稳固的天然所成被赋予了怎样的权威，使得变性人被作为另类对待，使得这个天然性变得如此绝对不可触犯？

德国联邦基本法第一章第2条中，规定了"个性自由发展、生命权、身体不受侵害、人身自由受保障"这样的基本权利。那里没有写：保障"个性半自由的发展"；没有写："只有那些保持出生时确立的性别属性的人，才能自由发展"；也没有写："自由权利只属于那些符合传统想象中的'自然的男性特征和女性特征'的人"。那里只写着："个性自由发展的权利。"没有任何地方写有：人不可改变及发展自己。恰恰相反，基本法就是要保障个体的行为自由——只要不侵犯他人的自由。基本法属于每个人，而不仅属于大多数人。它对所有人都起作用，即使那些不知在哪个方向偏离了大多数的人。

变性人不必证明，他们为什么像他人一样要得到认可。变性人不必申述，他们与其他人一样具有相同的主观权利，具有相同的立法者提供的保护，具有相同的进入公共场所的权力。变性人不必说明，他们想怎样生活。变性人不必解释，他们为什么有自由发展个性的权力，而所有拒绝他们拥有这种权利的人需做解释。现在是修改变性人法规的时候了，以使变性人的自决权也得到认可，即使他们没有受到评估。通过一个申请途径会是解决问题的有效方式，像在阿根廷和葡萄牙已经实施的：允许向出生登记局提出改变性别的愿望。个人性别条款的变化可以简单地通过证书来确认。[47]

"希腊文'men … de'的句式显然非常有趣，这样的复合句表达的不一定是对立的两个方面，"丹尼尔·门德尔松这样写道，"有时，它经常是将两个概念、两个特性或两个名称连接了起来，用联合取代区别，用多样化取代孤立。"[48]

如果能平和、泰然、愉快地拥有这样的观点，该多好，即：让对立面的构建中产生一个形式，这个形式会实现各式各样的结合与联系。如果社会允许变性人拥有发展自我个性的权利，那么谁也不会输掉什么，谁也不会被夺走什么，谁也不必改变自己。那样的话，任何人、任何家庭都不会受到阻碍去追求自己对男性特征、女性特征的想象。这里的关键是，要让变性人作为健康、活跃、自由的人，拥有其他人都拥有的相同的主观权利和国家保护。这不会使任何人的权利减少，也不会使任何人的权利受到忽略。它只会扩大所有人共同的自由平等的生活空间。这就是至少要做的事情。不能让变性人独自为他们自由发展个性的权利奔波呼号。这样的状况是不应该存在的：只有那些被边缘化或被歧视的人，必须为他们的自由和权力斗争。这应该与所有人的利益相关：所有的人都应享有同样的自由和同样的权利。

纯正的

> 他们脑袋里充满了捣毁乐趣,并很清楚不会为此受惩罚。
>
> ——摘自德国文学评论家克劳斯·特维莱特(Klaus Theweleit,1942—)的《凶手的笑》

另一种将自己的群体或自己的意识形态描绘成优尚的策略,是将"我们"与"其他人"区分开来,此策略常出现在那些宣称自己"地道纯正"的故事里。通过"示播列"可以宣称某人为自己人,某人为敌人,可将"无瑕疵"与所谓的"肮脏"区分开来。被宣布为不洁净或不纯净的人,属于遭剔除、受处罚之列。萨拉菲圣战主义也好,所谓"伊斯兰国"恐怖网络的意识形态的宣传也好,正是通过传播这类纯正理念,试图通过它来使暴力升级。

现在要提出的问题是:为什么也要对恐怖组织

的理论进行分析呢？难道知道他们在贝鲁特或突尼斯，在巴黎或布鲁塞尔，在伊斯坦布尔或拉卡怎样蓄意残忍杀人的事实，还不够吗？难道知道他们在法国图卢兹邪恶地残杀学生①，仅仅因为他们是犹太人，这还不够吗？还有那次在巴黎犹太超市里的谋杀②，布鲁塞尔犹太博物馆的谋杀案③，所有这些，受害者都是犹太人！还有 2015 年 1 月巴黎讽刺杂志《查理周刊》的编辑部遭受的恐怖枪击案，他们必须得死，仅仅因为他们为评判自由和幽默绘制了漫画，使一些人感到了受伤害。此事件令我们永远不能忘记，这难道还不够吗？还有，2015 年 11 月发生在巴黎巴塔特兰（Bataclan）剧院的屠杀，造成 89 人死亡，他们大多是年轻人，是穆斯林、基督徒、犹太人、无神论者，只因为他们想到剧院听音乐，而这里曾为犹太人所属。49 还有，突尼斯度假胜地海滩上发生的屠杀事件，只因为这些人想在沙滩上休息疗养④。还有，一名警察和他的妻子在曼纽费勒（Magnanville）遭到

---

① 2012 年 3 月 19 日，一名枪手在法国南部城市图卢兹一所犹太学校门前开枪打死 3 名学生和一名教师，震惊法国社会。
② 2015 年 1 月 9 日巴黎一家犹太超市发生恐怖劫持杀人案。
③ 2014 年 5 月，法国青年迈赫迪·奈穆什手持 AK-47 突击步枪，在布鲁塞尔市中心犹太博物馆发动恐怖袭击，打死 4 人。
④ 2015 年 6 月 26 日，突尼斯一海滩游客遭枪手射击。

谋杀①。难道知道伊拉克和叙利亚的雅兹迪教妇女如何遭受性奴役和酷刑,知道伊拉克和叙利亚的同性恋者如何被从高墙上推向死亡,仅仅因为他们爱慕方式不同,不爱异性,这些还不够吗? 50

这里有没有意识形态的作用? 这样一个实施可怕暴力的犯罪团伙,其手段完全类似于墨西哥毒品交易的黑手党联盟(他们以残忍著称,惯以绑架、勒索、传媒等方式,进行国际性恐怖活动)。为什么有必要研究他们那些纲领性文字? 在数次巴黎袭击案发生之后,美国总统巴拉克·奥巴马对恐怖杀手做出如下描述:他们是"一帮掌握良好社交媒体的凶手"。这听上去是不是与无关紧要沾边? 这些人可是以某个教条为圣旨,在世界范围内实施杀戮的歹徒!

中东问题专家威尔·麦坎茨(Will McCants, 1975—)是美国布鲁金斯学会"美国与伊斯兰世界关系"的项目主管,这位对"伊斯兰国"有深刻了解的分析家这样写道:"虽然我对伊斯兰圣战文化研究了十年,它那可以激励人剥夺他人无辜生命的能力,仍让我感到惊愕并深感厌恶。"51 需要做出解释的是,如何能使人去杀害他人,如何能将他人不再当作人看待,形成此等心理需要哪些前期准备。他们形成了怎样的仇恨思路,使他们可以不假思索地对妇女、儿童、男

---

① 2016年6月14日,一名法国警察和他的妻子被伊斯兰恐怖分子在巴黎郊外的曼纽费勒家中杀害。

人进行折磨和杀戮。他们受到了怎样的训练,为了达到自己所谓的更崇高的目标,或者为那些需要暴力淫威场面来振奋精神的他们志同道合的观众,一定要掠夺他人性命。

有时对于"伊斯兰国"的现实,人们做出一副似乎一切都没有什么可再惊异的样子。袭击事件受到一致谴责,但人们的惊愕——人如何能被操练去无情杀人——已逐渐消失。就好像单是"伊斯兰国"的袭击数量就已经形成了某种习惯似的。仿佛单单说一声:这些男女是"伊斯兰国"的追随者,就足够了;这似乎已经可以说明,这些人受到了怎样的仇恨训练,他们怎样被培养得可将他人视为比鸿毛还轻。这样的奇特态度会带来将暴力常态化的危险:好像"伊斯兰国"的恐怖是一种自然现象,好像"伊斯兰恐怖主义"是受下意识驱使,好似一切都理所当然。

不过,包括伊斯兰教仇恨和暴力在内的仇恨和暴力并不只简单地存在。它们并不来自伊斯兰教。它们不是真正的穆斯林式的。它们是造出来的,由有着极权主义意识形态的恐怖组织一手操纵。理所当然,那些恐怖主义战略家也引用伊斯兰经典,然而,几乎所有穆斯林学者都反对他们对原文所做的貌似严格遵守,实则宣扬暴力的解释。2015年在一封致"伊斯兰国"支持者的公开信中,120位有影响力的穆斯林学者对"伊斯兰国"的意识形态做出了明显的不符合伊斯兰教的判定。这些学者绝不是与"伊斯兰国"战斗的，特别倾向自由主义的改革者。这些作者中包括埃及宗教界最高领袖谢赫·绍基·阿拉姆（Scheich Shawqi Allam）先生，以及伊拉克乌理玛协会创始人谢赫·艾哈迈德·阿尔－库百斯（Scheich Ahmad Al-Kubaisi）先生，还包括乍得、尼日利亚、苏丹和巴基斯坦的一些学者。[52]"伊斯兰国"战略家们在他们的文本中，编排了许多适宜他们权威并有出处的内容。他们引用了许多句子，但都没有提到这些句子的广泛背景。他们选取使用孤立的段落，从不考虑整个文本背景，不考虑上下文关联。他们歪曲丑化了伊斯兰教——穆斯林学者们一致这样认为。

"伊斯兰国"的恐怖暴力不是突然出现的。那些被操纵的傀儡，所有走上自杀袭击，或被教唆加入叙利亚、伊拉克战争的人，他们事先都经过了思想灌输；这些灌输使他们只能将他人视为敌人，并知道他们可以杀死敌人而不受处罚。那些充满仇恨的思维模式，充满了对女性、对犹太人、对同性恋者、对什叶派教徒和所有被视为变节者的穆斯林的仇恨，这些思维模式都被写成无数文本，被贯穿在视频里、布道里、诗歌里、交谈中，并在网络上、大街上大肆传播。

正如本书前言中所说：对仇恨与暴力不能只予以谴责，还应观察它们的工作方式，这就是说，总要给出其他行动的可能，总要指出，其他人可能会做出另外的决定；某人也许会在什么地方去阻止什么，会在什么地方停止什么行动。对仇恨和暴力不能简单否认，而要注意观察，仇恨是通过怎样的语言策略、比喻及画面被制造被诱导出的；总需怀有这样的信念：要在那些仇恨故事模式中，找出可以使它们中止或瓦解的地方。[53]

即便一些人声称："伊斯兰国"的主要问题不是伊斯兰教徒的极端化，而是极端主义者的伊斯兰化，这些人也必须分析，恐怖集体网络如何能在彼此各异的环境中招募他们的追随者，并唆使他们为一个虚无主义的理论效力。深入研究"伊斯兰国"的言论及画面策略，研究他们的意识形态及他们对自我的认识，也是所有军事、政治方面反恐工作必须要做的准备工作。2015年美国在中东特种部队的指挥官、少将迈克尔·K.本田塔（Michael K. Nagata）在评估反恐斗争的存在问题时指出："我们不能理解这个运动，在我们理解之前，我们不能战胜他们。我们没有打败他们的理念。我们从来没理解过那些理念。"[54]

如果这里涉及的是仇恨的温床（不单涉及恐怖主义以及有组织的暴力），涉及的是排斥机制，以及日益极端化的思维——它本该被及早发现，那么在社会的各个方面，在邻里、朋友圈、家庭、网上，都应该共同努力防止狂热极端。有了这样的观点，对那些造成并传播仇恨的渠道与形式，对那些事先使暴力合法化，过后对暴力认可的言论，会调动起广大公民社会的责任感，会出现采取行动的众多可能。在这样的认识下，如果存在可能的犯罪证据并必须进行干预时，对狂热主义的抵制任务，便不会只交给了安全部门；因为每人都有责任与义务捍卫开放、多元社会，保障这个社会可以在宗教、政治、性方面得到多样性发展。

*

尽管对"伊斯兰国"近年来的发展，必须考察有关伊拉克、叙利亚政治社会发展的历史背景，但"伊斯兰国"仍可被作为萨拉菲圣战革命意识形态的复兴看待。根据伦敦经济学院国际关系教授法瓦兹 A. 盖尔盖斯（Fawaz A. Gerges）的研究，概述"伊斯兰国"萨拉菲圣战世界观的书籍大体有三本：一是 286 页的宣言——《圣战主义手册》（*The Management of Savagery*），由艾布·伯克尔·纳吉（Abu Bakr Najji）写于 21 世纪初；另一本是《圣战法律学入门》（*Introduction to the Jurisprudence of Jihad*）（作者 Abu Adbullah Muhajjer）；第三本为《准备工作纲要》（*The Essentials of Making Ready*，作者是 Sayyid Imam Sharif）。[55] 那些加入"伊斯兰国"组织的人，或者以谋杀行径与"伊斯兰国"相认同的人，只有极少部分读过这些文本。尽管如此，在传播"伊斯兰国"自我认知方面，它们具有极大影响力。在比较著名的"伊斯兰国"组织领导人阿布·贝克尔·巴格达迪的几个讲话和"伊斯兰国"官方发言人阿布·穆罕默德·阿德纳尼发布的音频信息中，这些都通过不同的媒体渠道得到传播。[56] 根据德国《时代周刊》作家、反恐专家亚辛·木沙巴施（Yassin Musharbash，1975— ）的资料，产生广泛影响的还包括伊拉克"基地组织"创始人之一阿布·穆萨布·扎卡维的演讲。[57] 传播最广泛的当属那些精心策划录制的宣传片，比如2014年8月录制的36分钟的《预言方法论》（Upon the Prophetic Methodology）。[58]

那么，"伊斯兰国"关于自己都编了些什么故事？他们发明的、所述的"我们"是些什么人？他们有着怎样的仇恨模式，可使人受到激励，获得残害他人，甚至杀害他人的能力？如果我们读过"伊斯兰国"的纲要性文献及其首领的演讲，第一个引人注意的就是对人接纳的承诺。2012年阿布·贝克尔·巴格达迪在题为"给穆斯林圣战者和穆斯林世界的斋月通报"的讲演中，这样说道："你们拥有一个国家，一个哈里发王国，在这里不论是阿拉伯人、非阿拉伯人、白人和黑人、东方男人和西方男人，大家都是兄弟。"[59] 这是一种自相矛盾的自我认知，自称为国家，但作为潜在的开放疆界的领土实体，它却不尊重其他现有的民族国家。[60]"伊斯兰国"的哈里发王国跨越现有国家边界,其领土不固定,吸引力由此产生。"伊斯兰国"不承认任何人为边界,也不承认除伊斯兰教以外的任何国籍。这个巴格达迪就这样向他的圣战者解说了一个明白无误的跨国界的我们。不论是阿拉伯人还是非阿拉伯人,不论是白人信徒还是黑人信徒,不论是东方人还是西方人,都应该联合起来,进行反对俗世主义的斗争,都应该反对偶像崇拜,反对"异教徒",反对"犹太人",反对"保护犹太人的人"。

"伊斯兰国"的仇恨首先是一种平等主义。(几乎)所有的人都受到了加入圣战先锋队的呼吁:不论老少,不论男女,不论来自邻近的阿拉伯国家,还是来自车臣、比利时、法国、德国,不论他们肤色如何、社会背景如何,他们可以是辍学的孩子,或者是高中毕业生,也可以是以前萨达姆·侯赛因手下的伊拉克军官或非军事人员。[61]只要认同巴格达迪宣扬的学说,只要想加盟,都会受到欢迎,领导人对他做出的奖励承诺是对他人的驾驭:"穆斯林将成为世界各地的统治者。"[62]

对所有想加入者,"伊斯兰国"一方面在意识形态上许诺了所谓的开放,另一方面还承诺了可以得到较高的社会地位。加入"伊斯兰国"的人,会变得内心强大,会达到无我境地。所有其他人则受到贬低。如此这般,一方面"伊斯兰国"将自己视为平等主义者，另一方面，又要将自己展现为划分的工具。据称要建立"伊斯兰国"，必须要建立一个有帝国野心的圣战先锋，它要（通过暴力）复活其虔诚祖先制定的伊斯兰教的"原始"形式。至于这个以家谱式使命要坚持的伊斯兰教中世纪的版本历史上是否存在，它是否是个现代发明，都很值得质疑。关键是，这种奋争回归的说法，都是为了追寻所谓"真正的"伊斯兰教。[63]

这里明显涉及的同样是伊斯兰教逊尼派的一个项目。伊斯兰教什叶派被断然视为另类而遭到了谴责和蔑视。这是伊斯兰教逊尼派的一个自相矛盾的观点，一方面它宣扬超越逊尼派自身性的政治，同时又宣扬普遍的伊斯兰圣战。[64] "伊斯兰国"将自身既展现为超边界的，又展现为有限的，既包容又排他，是包容性的排斥。英国人类学家玛丽·道格拉斯（Mary Douglas，1921—2007）在她的关于纯正与危险的研究中写道："对纯正与污染的宣称，涉及的都是有关自己地位的争端。"[65] "伊斯兰国"正要以对纯正的崇拜，展示自己尽可能高的地位。

可以预料，这样的双重承诺，正是其主要的吸引力所在：毫无先决条件地呼吁所有人来加入一个永恒的"我们"，与此同时，便会感到自己是一个"更好"、"更真"、"更纯"的穆斯林。对那些身为穆斯林的欧洲人来说，如果他们正好缺乏归属感，缺乏历史使命感，这无疑是个巨大的诱惑。对那些遭排挤者——因为他们总被作为二等公民对待，对那些自由、平等、博爱在他们不过是空洞承诺的人，对那些失业者或生活在恶劣治安环境、无望找到工作者，对那些不知道怎样安排自己和自己生活的人，对那些正在寻找生活意义，或仅仅想找点什么干的人，对所有这些人来说，"伊斯兰国"的召唤听上去都会大有希望。他们愿意接受这样一个模拟团体的吸引，因为这里好像人人都受欢迎，而实际上它完全是权威专制性的、反个体主义的，每个个体的独特性最终都会在其中被剥夺殆尽。虽然"伊斯兰国"承诺个人功名，尤其重视通过媒体，比如网络杂志《达比克》（*Dabiq*）讲述一些战士的生平故事和他们的军事行动，但对令人不满的分歧及"不忠"，却会受到"伊斯兰国"残忍无情的处罚。[66]

对这个极端保守的清洗（自我）策划者来说，他们想象的或真实的对手不仅是基督教徒、犹太教徒，而且是所有被视为离经叛道者、被边缘化的人。在《伊斯兰圣战手册》这部宣言中，他们将自己的使命定义为：将穆斯林社会从遭受的"退化"中解救出来。伊斯兰教的衰退，不仅被归咎于"西方"或前殖民列强，还被归咎于所有使穆斯林信念受到削弱的因素。"群众的力量受到了制约，他们的自信心会受到无数因素的分散削弱。"[67] 宣言中充满了对受到引诱、不再对真主尽义务的穆斯林的蔑视。据称，令信徒信念削弱的因素还包括"性器官及胃的乐趣"、对富有的追求和"具欺骗性的媒体"。所有能阻止穆斯林崇拜一个真主的因素，都被冠以"堕落"或"肮脏"。"伊斯兰国"想要强行实施的秩序是严格虔诚的，是要清除所有有害激情的。[68]

这个"伊斯兰国"的行动纲领传播广泛，是一个世界末日般的经文：许多段落中，要求圣战组织要在数量、策略、强度上不断提高进攻力。每一种混乱、每一个不稳定因素都是为人希望的，都是抵达真主一统天下的艰难旅途中所必需的。一定要将敌人"无情消灭，使之走投无路"。任何松懈，任何对暴力手段的怀疑，都会被贬低为假仁慈："如果我们在圣战中避免武力，变得软弱，那会促使我们很快失去优势。"[69]

这是一种二元世界观，在这里只存在绝对的恶和绝对的善，任何中间体、任何差异、任何矛盾都不存在。所有的"原教旨主义者"和所有狂热分子都具此特征：他们绝不允许对自己的立场有丝毫质疑。每一个思考、每一个论点、每一个引用语含义都必须绝对清晰。这是一个权威专制体制的特征：他们不会为异议留下任何社会及政治空间。由此可以理解，为什么即使是最残忍的大屠杀，即使是砍头或火烧囚犯这些恶行，都可以解释为"合理"。这也许是在看"伊斯兰国"杀人录像时最令人感到惊讶的：这些符合"教学法"的录像果真都是由此而来。他们甚至能将残酷行径，即使是最难以忍受的敌视人类的恶行用来实施"教育"，并使之"合理"。录像中还穿插有对什叶派清真寺及建筑物的蓄意破坏，并将之称为"必要"行动。即使是最有意图的残暴，也一定要避免留下有意残暴的印象。每一个蓄意安排、每一次对他人的施虐折磨都一定要排除个体及主观因素。每一个代表"伊斯兰国"的行为——宣言中如是说，都可以在神学上找到解释，都拥有萨拉菲圣战的"理由"。仅有施暴乐趣——像在某些人的情况，是不够的。暴力一定要被赋予意义。这些列出的所谓虐待"理由"并不成立。更具决定意义的是，仇恨和暴力永远不能随机出现，而总是要有目的地、在操纵中进行。恐怖的出现应作为一个秩序中的逻辑现象，这个秩序要在每个单一行动中表现自身的合法权威。此等持续不断的自我解说具有双重信息及双重收受者：一方面，他们向外界发出信号，这里不是一个散漫的游击队组织，而是一个强大的合法政府，拥有可同所有通俗文化媒体沟通的先进技术。另一方面，他们又向内部表明，这里没有独立决定的余地，没有民主的余地。与不断的宣传攻势相伴随的，是一种霸势言论权的建立，它随时都在为"伊斯兰国"的极权统治鼓噪宣传。

*

这样说来,"伊斯兰国"对纯正的崇拜不仅体现在形而上学的垂直轴上,也表现在水平方向。这就是说,如上所述,一方面"伊斯兰国"将它严格规划在神学谱系方向展开,令人想起人类先祖的实践与信念(或者这些先祖信念是编出来的,以作为今人的典范)。另一方面,它以纯正雄心面对当代文化混合型社会,这个社会可以是阿拉伯国家,也可以是欧洲。不纯正的、肮脏的是绝对的另类,它们不仅是叛离伊斯兰教的所谓变形败类,更是开明的宗教文化多样共存的现代俗世国家。按照"伊斯兰国"的教条,这些是绝对的另类:多元性、多元宗教的共存、国家不在某一特定宗教基础上构建,特别是决然的俗世性。

2007年"伊斯兰国"前领导人阿布·奥马尔·阿尔·巴格达迪,在他的题为"我是我主的明证"(Say I am on clear proof from my Lord)的讲话中声称:"我们认为,俗世主义尽管有它的不同特征和党派,它明显是无信仰的,是反伊斯兰教的,信奉它的人就不是穆斯林。"[70]这段文字十分有趣。"伊斯兰国"一定要将俗世主义(Säkularismus)宣布为无信仰的,而且必须将之视为反伊斯兰教的。只是,俗世主义并不是宗教。值得注意的是,尽管如此,"伊斯兰国"

仍认为必须对此表示明确的否定。不错,这位"伊斯兰国"的前领导人做了这样的强调:"俗世主义的实践"是非伊斯兰教的,不属于穆斯林的。听上去俗世主义好像是一个个体的事情,好像俗世主义会要求有祈祷仪式或朝圣。这听上去很奇怪,因为俗世主义指的是一个国家有这样的宪法,它明确要求这个国家将其权力理解为后形而上学的,是与任一教会势力相脱离的。

要求纯正的意识形态不允许不同宗教信仰与实践和平共处,不允许开明的俗世国家超越宗教派别,会对所有宗教负同等责任;不允许一个社会给予自己俗世的民主秩序,使其中的所有人拥有相同的主观权利,可以拥有他们不同的宗教习俗和信仰,拥有同等的尊严。对"伊斯兰国"来说,似乎没有什么比文化宗教的混合产物更令人厌恶。所有混合的、复合的,都是对纯正之物的对立面。在这点上,欧洲新右派偏激理论家与"伊斯兰国"的偏激理论家有类似之处:文化上的"不纯"、不同宗教的和平共处使他们产生敌意;伊斯兰教可以属于欧洲,穆斯林可以像其他宗教信徒或无神论者一样,在民主开放的欧洲国家得到认可——只要他们尊重当地宪法,这对新右派来说是不希望,也是不可想象的。

这同样可以解释,在欧洲出现有关难民的人道主义危机及对难民实施接纳期间,"伊斯兰国"的宣传机器为什么会起劲反对安格拉·默克尔的难民政策。当时至少有五个视频发出消息，警告难民不要去欧洲。[71] 视频还对在犹太人、基督徒和"异教徒"身边生活的穆斯林，提出了强烈谴责。与右派鼓动煽情机器不同的是，对难民的人道主义姿态不意味着支持"伊斯兰国"。恰恰相反，每个法规、每次安置、每一个为穆斯林难民展开的欢迎行动，以及为他们在欧洲生活提供的适宜机会与途径，都对伊斯兰意识形态构成了直接威胁。当然，从国家安全机构及政治安全的部署考虑，"伊斯兰国"选用难民逃难路线，把刺客派遣到欧洲的危险，的确不可低估。只是，难民政策并不能改变"伊斯兰国"的军事纲领及方针，如他们宣传机器所说，他们要通过袭击行动，在欧洲激化矛盾。圣战的明确目标之一，就是要让欧洲分裂为穆斯林的及非穆斯林的欧洲。"伊斯兰国"的理性既乖张又严酷，他们希望通过在欧洲及在美国的每一次袭击，激起民众对当地穆斯林尽可能的集体惩处。他们希望穆斯林在现代俗世国家里受到普遍怀疑，希望他们被孤立，被排斥——因为只有这样，穆斯林才可从现代民主体制中分离出来，最终投奔"伊斯兰国"。每一次伊斯兰教袭击后，激起的对所有穆斯林的诅咒，每一个否认穆斯林基本权利和尊严的声音，每一个只想将穆斯林与暴力和恐怖分子联想起来的表达，都恰恰可以帮助"伊斯兰国"实现他们分裂欧洲的伊斯兰主义梦想,并在下意识中,向崇拜纯正奉献敬意。

因此,对开明俗世的欧洲来说,至关重要的是,感到自己有责任继续致力于俗世开放的现代社会建设。关键是,不仅要继续容忍文化、宗教及性的多样性,而且要为此庆祝。只有在多元状态下,才可保障个体、他类人士及异议人士的自由。只有在信奉自由主义的公众中,才会有矛盾和自我质疑存在的空间,才允许诙嘲作为一种含义不一的形式存在。

三　赞美不纯正

"咱们"既不是"我"的叠加,也不是"我"的并存体。

——摘自法国哲学家让-吕克·南希(Jean-Luc Nancy,1940—)的《独特的多元性》(Singulär plural sein)

1752—1772年间,法国思想家德尼·狄德罗(1713—1784)和科学家让·勒朗·达朗贝尔(1717—1783)共同编纂了一套28卷的百科全书,在这套启蒙运动的知识纲要中,对于狂热的定义,至今仍然有效:"狂热是盲目热忱的激情"——这是由法国作家亚历山大·德莱尔(Alexandre Deleyre,1726—1796)编的词条——"它与迷信相应,使人可以不仅不感到羞耻、懊悔,且会愉快陶醉地从事荒谬、不公正及残忍的事情。"[1]这也是当代狂热分子的写照:"他们是伪宗教信仰者、伪激情政治家,因为他们编纂迷信和教条,'煽动'仇恨。"并且,他们毫无羞耻与懊悔地站到可笑立场上，时而做出不公正，甚至残酷的事情。有时，他们的盲目宣传比起最荒谬的阴谋论似乎更有趣。但是这种让人感到的轻松会很快消失，如果迷信果真通过教条得到巩固，并使人受到蛊惑而行动时。当仇恨被推波助澜用以威吓、非难、羞辱他人，并利用公众空间和语言空间来攻击伤害他人，凡此种种便不再是什么可以感到可笑和娱乐的事了。就算狂热主义与单一民族的设想，即一个种族主义的构想——有关"同种同文化"的"民族"观念——相联系，它同有关"纯正"的假宗教信仰相关，但所有这些，都与非自由主义的绝对武断蓄意的包容与排斥手段相等同。

如果说狂热分子的教条主义对什么有所依赖的话，那就是单义性。他们需要一个纯正的"同质"人民的学说，一个"真"宗教学说，一个"原始"传统学说、一个"自然"家庭和"正宗"文化学说。狂热分子需要密码，密码不允许有任何不顺从，不允许有任何歧义、矛盾，而这正是其最大的软肋。关于纯正和朴素的教条不能通过模仿适应来抵制。毫无希望的是，用严格恪守来反对严格恪守，用狂热反对狂热分子，用仇恨反对仇恨者。对待反民主的势力，只能用民主法治国家方式来打击。如果自由主义的开放社会想实施自卫，那它只能保持自由主义的开放。就算俗世、多元的现代欧洲受到了攻击，它也不能中止俗世、多元和现代化的状况。当宗教或种族狂热分子以自身性及差异为由有意分裂社会,在此便需要重视人之相似性的团结大联盟。如果狂热的意识形态只以粗陋简化的形式展示其世界观,要战胜它,便不能以简单粗陋的方式,而要对其进行深入分析。

在此应注意的是,不能用本质主义①的假设回应狂热者的本质主义。因此,对仇恨和歧视的批评与抵制,应着眼于仇恨和歧视的结构及条件上。需要做的不是要将某人妖魔化,而是要对他们的语言性及非语言性行为进行批评和阻止。如果涉及的是法院审理的犯罪,肇事者当然应受到法律的追究,在可能情况下,受到判处。面对对仇恨和对纯正的狂热,还需要公民社会(及公民)抵抗排斥术和给人定性术,抵抗让一些人可见、一些人不被见的思维定式,抵抗将个体只作为群体代表的"相面术"。这需要对所有微小卑劣的羞辱和屈辱方式提出勇敢的抗议,需要相关法律,需要实际行动来援助遭排斥的人,要同他们站到一起。在此还需要有别样的叙事,有关于其他观点和其他人变得被看到的叙事。只有仇恨模式被取代时,只有"在以前只看到差异的地方发现相似性"时,同感同情才会产生。²

对狂热主义和种族主义不仅要对事件,还要对其

---

① 认为任何实体都具有本质的观点。

形式给予抵制。这并不意味着要使自己极端化。不意味着要以仇恨和暴力来促进内战幻想（或者促进关于世界末日的预言）。相反，需要在那些存在不满意的地方和建构中，进行经济和社会干预，因为不满会转化为仇恨和暴力。打算同狂热主义进行预防性斗争的人，不能不问问自己，有哪些社会及经济上的不稳定因素，受到了伪宗教或民族主义教条下的假稳定的掩盖。打算同狂热主义进行预防性抗争的人，也必须想一想，为什么有这么多人视自己的性命轻如鸿毛，可以为某个意识形态置生命于不顾。

然而，最重要的是，要为不纯正和差异辩护，因为这样最可以使仇恨者和狂热分子在对纯正和单纯的拜物主义中感到不自信。重要的是，要有开明的质疑文化和诙嘲文化。因为这些都是与狂热分子和种族主义的严格教条主义大相径庭的思想流派。对不纯正的辩护不能只是一个空洞的承诺。它不能只限于宣扬欧洲社会的多元化，还需为包容共存性的社会在政治、经济和文化上进行认真的投资。为什么呢？为什么多元化这么有价值？这会不会是一个学说取代另一个学说？对那些担心文化或宗教多样性会阻碍自己固有的信仰与习俗的人，多元化又有哪些内涵？

"只要我们在多元中生存，"汉娜·阿伦特在她的《积极生活》（*Vita Activa*）一书中写道，"这就是说，只要我们在这样的世界上活着，行动着，其意义只存在于，我们彼此能谈什么，我们与自己能谈什么，我们能给予'说'什么意义。"³ 对汉娜·阿伦特来说，多元化首先是确切的察悉式事实。在此，这个世界上不存在单一孤立的个人，存在的是以一个大数目、以复数生活的咱们。这就是说，现代化时代的多元性不意味着一个原始型，或一个给定的形式的加倍，不意味着所有他类都需同特定类型看齐。在阿伦特看来，人类境况（condition humaine）和人的行为展现着多元性："对多元性来说大家都一样，都是人，但多元性拥有奇特的方式，这一个不同于那一个，不同于那个已死去的，不同于那个正活着的，不同于那个将出生并将活着的。"⁴ 这段精辟描述与其他熟知的有关自身性及差异设想大相径庭。这里关系到的更主要的是作为人类的普遍的我们的共同从属性，而不是关于作为独一无二的人的个体性。我们这里所说的复数不是一个静态的我们，一个被迫同质化的大众。在汉娜·阿伦特的传统中，复数由个体特性的多样性形成。它们彼此相似，但没有一个等同于另一个——这就是多元性"奇怪"与迷人的条件及可能性。任何一个致使个体奇特性遭清除的规范化，都与此等多元性概念相违背。

让-吕克·南希认为："这个单个从一开始就是每个个人，因此每个人都有其他人相伴随。"⁵ 照他的理论，单个不是自私的单一个人。复数并不是"'我'

的叠加，不是'我'的并列体。"个体性只有在彼此互助共存时才能实现，才能被识别。独自一人，只意味着独自一人，他永远不会是独一无二。人们需要共生共存，又需让各自的愿望和需求在其中得到反映和折射。一个单色实体的"我们"既不包含多元性，也不包含个体性。这就是说：文化及宗教的多样性也好，不同质社会也好，允许进行创造性构建、让不同生活构想共处的俗世国家也好，都不会限制个体信念，而首先会使它得到保护，只会使它成为可能。一个社会中的多元性并不意味着个体（或集体）自由的丧失，而首先意味着对它们的保障。

伪宗教狂热分子和民族主义者喜欢画另外一幅图画：他们要求同质、原始、纯正的群体，并声称，这样可以提供更多的安全保障及更高的社会稳定。他们宣称，多元社会威胁凝聚力并会破坏他们珍惜的传统。对此，一个相反的论点是：俗世国家的理念是传统的一部分，即属于启蒙运动的传统。传统也是做出来的。另一相反的观点是，纯正、同质的民族并不能提供社会稳定性，因为它首先需划分出所谓的"不纯分子""他类""敌对势力"。正是这种要求本质相同的群体概念不会带来任何保护。一个社会只有将自己理解为开放、多元、自由主义的，才不会对宗教信仰和无神论者的生活理念做规定，才能对他类信仰的个体和躯体实施保护，才能对美好生活、爱情及幸福的他类理解与习惯给予保护。正如人们通常想象的那样，这不仅是理性、规范的论点。为不纯正辩护还表达了弱势及受伤害人群的情感需求。认可一个现代社会文化的多样性并不意味着，不承认个人的生活规划，不认可某个传统或宗教信仰。认可全球化的现实并不意味着对所有美好生活观念的不尊重。

就个人而言，生活于一个俗世国家，其文化、宗教及性的多元性令我舒心。只要能在公共场所看到这种多样性，只要能知道这些自由空间受保护，只要知道，作为个体我的特性、渴望、我的有可能不合主流的信念和行为会受到保护，我便感到放心。当我感觉到我所生活的社会可以承受并允许不同的生活方式，可以允许不同宗教或政治信仰时，我会感到自己不太容易受伤害。在这个意义上，即便我不愿与一些生活方式及表达方式有所沾染，它们也不会影响我的心绪平和。它们不会激怒我，它们也不会让我感到害怕。相反，礼仪、节日、习俗和习惯的多种多样会令我高兴。人们可以身着军乐队服装吹吹打打地行进，人们可在拜罗伊特举办"瓦格纳音乐节"，可在柏林足球联盟俱乐部的体育场，或在柏林克罗伊茨贝格城区（Kreuzberg）的"Südblock"酒吧里看"盘西秀"（Pansy Presents）[①]……消遣开心，人们可以相

---

① 男扮女装并以女人形象说唱舞蹈的表演。

信圣母无原罪受孕，相信上帝曾将红海一分为二、辟出陆地，人们可以戴犹太小帽，穿皮裤，或者男扮女装（Drag）——对多样他类的尊重不仅会保护这些个体，也会保护我们自己。从这个意义上说，对不纯正的辩护并非一个简单的对俗世社会多元体制"合理"、理性的解说——即便它经常受到这样的评论。在我看来，更重要的是，要强调情感优势：文化、宗教与性别多样性本身并不意味着归属感的丧失，或稳定情绪的失落，恰恰相反，多元性意味着更多的赢得。一个自由主义的开放社会，其社会间的凝聚力并不小于一个单一文化封闭的省份。情感间的联系尤其应建立在，要在这样一个社会生活的愿望：这个社会可以保障维护我们的个体特性，即使它们不属于大多数，即使它们过时、新潮、怪异或令人反感；这个社会将自己明确定义为开放、包容，它应允许对自身不断质疑，看看自己是否真的处于这样的状态。这样的社会充满信任，而不会故意排斥与攻击。

生活于多样性中意味着，所有个体与特性间都相互尊重。我不必像其他人一样生活，我的信仰与行为不必同其他人一样。他们也不必同情我或理解我。一个真正开放的自由主义社会也有这样一个大自由：彼此之间不必相互喜欢，但能相互放任，这里包括那些对一些人来说似乎不理性或不可理解的宗教观点。主观自由自然还包括虔诚的生活方式，即便它在开放社会中可能与多数人的大相径庭，即便它可能像其他缺乏传统的和无神论的方式一样不入主流。俗世国家并不意味着所有公民都应该是无神论者。重要的只是：一个社会，如果本质性越少，同质越少，"纯正"越少，个体就越不会被迫认同于某个帮团。

人们已经忘记了，一个包容开放社会的词汇正日益遭到损坏，遭到排斥。我们必须不断重复、强调：要在多元中生存。如果我们希望共存具有意义，它不只对吃猪肉者有意义，而应对所有人有意义，那我们必须对这个复数性给出表达，给出行动和画面。不仅为一直能被见到、被愿望见到的人，还为另外那些——他们的观点和经历不愿被提起的人。

这样一个多元化社会里会有冲突吗？是的，冲突当然存在。这个社会里存在不同文化、不同宗教情感吗？是的，这是自然的。俗世多元社会要求信徒采取折中态度，不过宗教规定与此态度之间的冲突，不存在统一形式。因而，对每个为坚持各自宗教实践而出现的冲突，都需进行具体考量：为什么这种仪式、这种做法对一个宗教至关重要？在此，谁的权利可能会遭到侵犯或遭到否定？会造成针对一个人的暴力吗？以何种规定可以禁止这种实践？这是一场哲学及法律的高水准的辩论，它关系到俗世社会的宗教活动可以以什么理由宣扬自己，又可以以怎样的理由受到制约及禁止。有关宗教自由的界限问题，有关俗世主义与民主的关系问题仍急需展开公开讨论。是的，讨论会很艰难，它会导致对某些实践和仪式的禁止，如果它们违背基本法（比如强迫未成年人结婚）。但这些讨论过程属于民主文化的核心内容。它们不会危害民主，只会将之确认为一个开放性的体验考量的学习过程。其先决条件是，每个信徒对自己的信仰并对俗世多元社会感到负有责任；每个信徒不管他有怎样的信仰和信念，都应学会在不可推广的特定价值观和适用于所有人的宪法准则之间做出区分。在此还需俗世社会时时进行自我审视，看看自己是否真的做到了俗世化；看看一些机构如立法机关，是不是偏袒一些特定的信徒或教会。若要承受这些现实冲突及法律哲学上的冲突，协调应用上出现的问题，只需对民主进程有一定程度的信心。

民主社会是一个善于学习的动态体制，它要求个体与群体具备这样的准备态：能够面对个体与群体的错误，纠正历史上的不公正，并能相互谅解。民主不仅是多数人的专政，它还能提供一个不仅可以选举、表决，还可以在一起讨论权衡的程序。对于还不够公正、包容性还不足够的地方，这个制度可以不断而且必须不断进行自我调整。在此还需要有认错文化，公开讨论的文化——不是通过相互蔑视，更主要地要通过相互好奇来影响讨论。对政治活动家、媒体及公民活动家来说，应具有认识自己思想及行为错误的基本能力。相互间应该能够宽恕——这也是活生生的民主体制所需要的道德品质。民主体制中的讨论文化，使人们有可能认识错误，彼此谅解。不幸的是，通过电脑的使用、社交媒体的引进，讨论文化受到阻碍破坏。

奥地利女作家英格博格·巴赫曼（Ingeborg Bachmann，1926—1973）在法兰克福的诗学讲座上关于思维她说道："开始时并没有考虑方向，思维需要产生认识，要用语言并通过语言表达什么。这个要表达的让我们暂时称之为：现实。"[6] 这种情况同样适用于现代化民众和现代化文化，因为他们也不总能给出既定方向，因而他们需对此进行公开的自我评审式的辩论。公众辩论越极端化，越无界限，思维越难向某个方向行进。但是，如果人们想澄清事实，想对那些未经意识形态的厌恶过滤过的现实进行描述，对认知的追求是需要方向的。在此，每个人都允许并应该参与。对民主没有专门的专家鉴定书。德国哲学家马丁·萨尔（Martin Saar，1980—）这样写道："每个人都知道什么是政治自由，什么是对自由和民主的渴望，即便是没有资格要求它们的人。"[7]

*

来自不同国家的人们，有着不同的历史及政治记忆和经历，要将之统一起来，一定是件很难的事情。这些经历与记忆是冲突的潜在根源，不容忽视。因此，对某些道德及政治上已定性的事件需不断给予解释与说明，比如对民族社会主义（纳粹）罪行持续进行警告性的回忆，至关重要。这些解释与说明同样可以，而且也应该有益于自己家族历史与屠杀犹太人的历史没有关系的人。即便是移民，也必须对这个国家的那个可怕历史事实有所了解。这就是说，不能只对回忆历史做出简单规定，还要做出解释：它为什么与所有人都有关系。移民也应有机会了解这段历史，应对这段历史持有明确的道德与政治态度；也可以将之作为自己的历史——在此没有个体或家庭的羞辱内疚的纠缠——来理解。这段历史也属于他们，如果他们在这里生活，是这个国家的公民。不参与对大屠杀的反省，便间接意味着不参与政治叙事，不参与对民主的理解。

法国艺术史学家和哲学家乔治·迪迪·于贝尔曼（Georges Didi-Huberman，1953— ）接受法国 Lettre 杂志采访时，[8] 曾指出："没有哪个关于历史的回忆及联系，不是通过某个希望，也就是说不是通过某个要告诫未来的东西产生的。"记忆同时存在两个方向——一是面向过去，一是面向未来——这是应保持的自觉状态。只有那种可以从可怕的历史遗产中看到对未来责任的记忆，才可以保持有效的生命力。回忆文化只有在不断重复建设包容社会的希望时,即不断提示:要建设不允许个人或团体被作为"外人"或"不纯正者"遭清除的社会时,才可以保持其生命力。只要当记忆能够对当代排斥与暴力机制的存在保持关注时,它才可以避免意义失去的可能。

记忆中的历史经历会为当代赋予社会及政治使命,但是,如果记忆中的历史经历与当代越来越分道扬镳时,该怎么办?如果有着个人记忆的见证者,与后人及未经历者,相距越来越远,将会怎样?这个差距不只在年龄上,还在他们所熟悉的事物,他们自身所经历、理解的事物间的差距。怎样能让对民族社会主义纳粹罪行的反思保持到未来,而不会像惯常的情况受到削弱?这些问题主要涉及的是犹太人,但也关系着社会中的所有人。这些问题并不只由于叙利亚难民的前来,出现了对移民社会有意识的道德准则反思,才得以出现。这些问题还出现在右翼民粹主义运动的复仇口号中,出现在对犹太人公开的暴力攻击中。要提出这样的问题:反思文化应如何传递给那些没有与之共同成长的人,和那些只将其视为安排给他们的人,那些自认为不必对叙利亚人和萨克森人的反犹太主义采取普遍怀疑的人。

当然,随着叙利亚难民的抵达,与以色列国相关的其他经历和其他观点也渗透到我们这里。纳粹屠杀犹太人的故事都意味着什么,造成了哪些痛苦和精神创伤，难民尚不能了解，但在这个国家里却是必须要了解的。这会引起困扰不安。因而很有必要对在这里发生过的罪恶做出解释，并应让人们知道后人都有哪些负债遗产和使命。对奥斯维辛集中营的记忆不存在半衰期。因此，很有必要使用现代教学方法来将这段历史讲述成可以用设身处地的好奇来得到的内容。博物馆和文化机构的许多项目早已做出榜样，鼓励年轻人既严肃认真，又富有创造性地对待纳粹历史。与以前相比，这项工作还应得到加强促进，尤其要发展一些特殊的方式方法，以帮助具其他文化历史背景的人们看待、认识这段历史。

要以大屠杀为鉴，这不仅要保持对过去罪恶的深度认识，还要保持对当前的清醒头脑，注意倾听难民对他们受到的伤害报告，并且注意他们讲述中隐藏着怎样的回忆。如果没有人倾听别人的述说，对大屠杀的借鉴便不会成功。如果难民不能讲述他们的记忆和担忧，对大屠杀的借鉴也不会成功。倾听并不意味着单纯地去听能听到的一切，还意味着要了解这位或那位从哪里来，这位或那位的观点来自哪些视角。我们希望有怎样的社会，这应表现在难民能否成功进行不限时段的多元叙事。我们希望有怎样的社会，还应表现在，能否成功地对开放多元的叙事以人权及俗世社会的恒态加以审议评判。[9]

这项工作并不是什么新的，在一个移民社会中，对历史罪责的反省，对他人痛苦及他人视角的反思应该不断进行——那是些在其他地方经历了极度迫害、虐待，经历了战争和暴力的人。长久以来，德国记忆中已加入了许多来自南斯拉夫的不同个人、不同群体的观点，也加入了许多来自土耳其、库尔德地区、亚美尼亚和许多其他地区的不同个人、不同群体的观点。德国人的记忆中还包括了殖民期过后的非洲裔德国人的经历和观点。在多元社会中生存还意味着，先要认可不同的记忆和经历，并容忍它们得到表达并对此展开的相关活动。在多元性社会中生存并不只意味着，有过几十年的移民经历后，才犹犹豫豫地将自己宣布为"移民社会"；还需能够理解移民社会的实际意义。那个将移民和他们的子孙仅作为公众讨论对象的时代终于结束了。我们需要一些时间去理解，所有的移民和来到这里的难民，也是公众讨论的主体。这里还需要观点的多元化，需要对思维定式和对限定知识经典必读物进行质疑，因为通过它们，文化习俗和信念得以流传。多元性生存方式也意味着，要认真对待那些被认为较无意义、被认为是外来的东西的认识。在学校教育中，这种认识、这类观点迄今没有受到足够重视。在教育机构中受到惊人忽略的，不仅是欧洲的文学史、艺术史和文化史，还有欧洲之外地区的。[10]这种较窄的在校读物界定，不足以满足一个全球化世界的发展要求，不足以满足移民社会的生活需要。对这种狭窄的视野总会出现个别突破。总有一些学校和教师选用指定之外的一些作家的作品——但这还远远不够。这并不是说，不应再读毕希纳（Büchner）和维兰德（Wieland，1733—1813），而是说也应该读一读土耳其作家奥尔罕·帕穆克（Orhan Pamuk，1952—）或海地作家达尼·拉菲里耶尔（Dany Laferrière，1953—），或匈牙利裔女作家特雷西娅·莫拉（Terézia Mora，1971—），或克罗地亚女作家斯拉芬卡·德拉库利奇（Slavenka Drakulić，1949—）的作品。通过他们的作品，移民家庭的孩子也许可以看到他们的父母和祖父母的经历空间，并看到这些空间受到了肯定，这一点也很重要。这些读物不仅对移民家庭的孩子很有必要，对其他孩子也意义重大：因为他们可以学习超越近前熟知的世界，去想象、去发现新世界。这也是一种学习转变观点、学习设身处地感受的方法。

观点的多元化还应继续深入到政府机构和国家机构（在警察局、居民管理处和司法机构）。现在已经能感到对更多的多元化的部分努力。这样很好。政府机构和企业公司中可见的多元化不只是政治化妆品，它还会开发年轻人全新的、现实的、对自己将来会成为什么样人的想象力。可见的多样性，也会使自己的角色模式及自己可以学习的榜样多元化。一个社会的自我理解会在政府当局和国家机构中体现出来，社会在这里发出信号：谁允许并可以代表这个国家，谁可以不受限制地归属国家机构。政府工作人员的构成越具多样性，对于接受与平等相待的民主承诺便越可信。

*

法国哲学家福柯（1926—1984）1983年在他的讲座课（被收入《说真话的勇气：治理自我与治理他者》一书）上，借助希腊文parrhesia一词，发展了"说真话"（Wahrsprechen）的理念。[11] parrhesia一词最初只意味着言论自由。但福柯将parrhesia理解为说真话是对强势观念或立场进行批评。在此，福柯涉及的不仅是说了什么内容，即有人说了真话的事实，而重要的是说真话的方式方法，即事情是怎么说出来的。福柯的"说真话"有着很多先决条件。单是陈述事实是不够的，parrhesia还要求要确实相信这个事实。我不仅说了真实的事情，我还相信这是真的。说真话不能通过操纵和欺骗的目的说出来。作为陈述，它不仅是真的，而且永远是真的。以此，它与其他不真实的供述相区别，这样的供述当前可经常从民族主义运动和右翼民粹主义政党处听到，他们说，他们没什么要反对穆斯林的，"可是……"他们不想触犯避难权，"可是……"他们拒绝仇恨和暴力，"可是"一些话还是必须要说……如此这般同说真话一点不沾边。

另外，说真话需要一个特定的权力背景。福柯说，说真话的人是"通过语句向暴君说真相的"。说真话总与"说"有关，如果说者缺乏说的权利或地位，说话者总要冒着某种风险。现在，在我们这里不存在典型暴君了，但仍然需要说真话。埃里克·加纳的"今天得打住了（It stops today）"，为在当今社会说真话做出了生动表率。如果自己或他人的权利、地位被否认被剥夺，那就需要勇气为自己、为他人说真话。当前公众需要通过说真话，来反对势力强大的已说出和没有说出的种种规定，反对非难贬低移民的仇恨思维，反对对黑人视而不见、好像他们不拥有血肉之躯的"相面术"，反对对穆斯林的不断怀疑，反对歧视妇女的机制和习惯，反对那些不许同性恋者、双性恋者、变性人能像其他人一样结婚、建立家庭的法律。要反对所有孤立、诬蔑犹太人的方法手段。在当代，说真话也意味着反对那种相面术的看人方式，即让不得不生活在社会不稳定环境中的人变得不被看见的方式。这些人并不因为文化或宗教信仰被排除在外，而仅因为他们贫穷，他们是失业者。他们在社会中受到歧视，因为这个社会仍以工作界定自己；尽管大家都知道，大规模失业是一个建构性常态。为了使他们能看见，也要以他们的名义说真话，以打破穷困阶层的自身避讳。在政治上、社会上被贬低为"多余者"的人，并不只是特定人群。穷困阶层往往干脆被忽略了，就好像它不存在。许多人被列为他类而遭排斥，那些穷人和失业者，有时让人感到他们不被视为一个群体。对于生活在岌岌可危的贫困生活环境中的人来说，如果否认社会不平等，会使他们感到，他们的处境估计是自己造成的。

以色列女社会学家艾娃·伊鲁兹（Eva Illouz，1961—）曾指出，说真话不一定只对一个方向，或对一个收受体。有时会出现这样的历史境况，人们必须铁肩担道义，同时抵制各种势力。[12] 这意味着，说真话有可能不只是针对国家及国家所限定的表述，不只针对势力强大的组织和政党，也可能要针对自己的社会环境，针对家庭、朋友圈、宗教社团，及自己置身的政治背景、关系，因为其中的排斥模式及自负怨愤也需要受到勇敢的指责。这要求不仅要设身处地地想象受害者的处境，设想他人受排挤的境况，还要注意自己团队内部是否也存在个体或群体的使人边缘化及毁誉的言论或行为，是否也存在释放仇恨及蔑视的思维定式。伊鲁兹认为，凡此种种都需受到广泛的指责。

福柯对说真话给出这样一个提示：对仇恨和狂热的抵抗应该如何表达自身：对那些因为他们的肤色、躯体、害羞不受尊重，那些不能作为人、作为同类被接受的人，那些被归为"不合群""无生产性""无价值",被视为"不正当""有罪""病态",或被视为种族或宗教上的"不纯"和"非自然的"而非人化的人,应该取消他们的主观性,所有这些人都必须再次作为个体回复到普遍的咱们当中。

其先决条件是:需打破几年、几十年来形成的所有歪曲污蔑的观念和想象画面,以及所有相关的联想链;要瓦解将个体归做群体,将群体与某些特征和贬低性描绘耦合到一起的思维定式。德国学者阿尔布雷希特·科索(Albrecht Koschorke,1958—)在他的《事实与编造》(*Wahrheit und Erfindung*)一书中写道:"社会冲突会沿着叙事性的力场线编排舞蹈。"在此意义下,需通过自己的语言和行动来打乱这些"编排的舞蹈"。[13] 如本书第一部分所述,仇恨的定式通过叙事形成,这些叙事特别会将事实带入窄巷。这样,单个个体或整个团体会同贬低性的特征连到一起,于是他们被视为"外人""他人""懒惰""兽性""道德败坏""看不透""不忠诚""有很多情人""不诚实""暴力""病态""性欲反常""超性感""性冷淡""难以置信的""不信上帝的""不知羞耻的""罪孽的""有传染病的""堕落的""不合群的""不爱国的""不像男人""不像女人""分裂国家的""具恐怖嫌疑的""犯法的""淫荡""肮脏""浮皮潦草""懦弱""缺乏意愿""任性""具诱惑力""具操控性""贪婪的",等等。

通过这种方式，这些联想会得到不断重复，最终形成所谓的定性。它们会在媒体展示中沉淀下来，在虚构形式中、在故事或电影中定型；它们也会在网络上，在一些社会机构，如学校得以仿效传播，还会出现在小学教师对毕业生做升学推荐，决定谁可以上文理中学，谁不允许时。它们还牢牢存在于一些直觉的或不太直觉的人员管理工作中：为某职位公开招聘时，在甄选过程中，某些特定候选人会很少得到面试邀请。

缺乏想象力是公正与妇女解放的强大阻碍，这就需要通过"说真话"来再次扩大想象空间。社会参与和政治参与的空间、民主活动空间也需要由意见交流开始，由人们可以想象、接受的生动画面和言论开始。要以区别对待来抵抗关于单纯与纯正的狂热说教，区别分析正开始于：当你要对阴谋幻念、对集体性的简单化一、对意识形态性仇恨的普遍化给予精确的观察的时候。德国女作家赫塔·米勒（Herta Müller，1953—）曾写道："细致的观察意味着做具体分析。"如此这般，使现实世界变得狭窄的思维定式会破碎、消失。错误的一概而论只会使个体成为群体代表，这样的一概而论必须取缔，这样，个人和他们的行动才会再次可见。那些排挤人、为人定性的口号和专用语也必须受到瓦解和转化。

不过正名运动有着悠久历史，即：要清除贬低侮辱他人的表达及行径，并给予新的表述；要抵制仇恨、抵制不尊重行为，适宜地遣词造句也是其工作之一。非裔美国人的民权运动，同性恋者、双性恋者、变性者和酷儿的解放运动中也充满了这类富有诙嘲意味的语言表述性的正名实践。在当代，"恨文擂台赛"（Hate Poetry Slam）①是一种对仇恨与不尊重进行抵制的富有创造性、娱乐性的"说真话"的典范之一。[14]可以用来抵制强大的一概而论和侮辱，当然还有其他方法。目前已发展出一些具体的抵抗措施，用以具有针对性地对抗仇恨的回声，有些已在社交媒体上得到采用。在此需要采用所有方式：社会干预、艺术干预、公开的讨论辩论，以及政治教育和培训措施，还要制定相应的规范、法律。

*

福柯还指出了"说真话"的另一个特性：它并不只针对强权和暴君式的对手（不单要"将真相扔到他头上"），它还针对说真话者本身。此点令我尤为欣赏。就像一个人对自己自言自语，说出真相，与自己签订一个合约。站在强大的不公正面前讲真话的同时，总意味着是说真话者与自己的一种结盟：

---

① 自2012年1月开始在柏林的 Taz Café 咖啡馆举行。

在述说社会和政治真相的同时，我感到自己通过讲述与讲述联系到了一起。福柯这样指出：在勇敢的说真话的行动中，起作用的并不仅是义务，说真话者还将人同自由联系了起来，自由在"说真话"中得到了体现和实现；对不公正"说真话"是一种自由行动，是一个赠予：它公开了说真话者同自己的关系，这种关系与权力的隔阂作用，及其排挤机制、辱没机制，势不两立。因而，说真话永远不会只是孤立的一个举动，不会是单一行为，讲述者的主体有义务恪守他的表达。

可以推断，所有志愿者，在他们积极参与对难民的人道主义救助时，都已对此心知肚明。乍一看，这可能是一个很令人惊讶的解释：将公民的积极参与作为一种反对某党派势力的"说真话"形式。然而，那些无数民众，那些把难民接到家中的男女老少，那些得加班加点工作的警察和消防人员，那些为难民孩子组织特殊班级、任劳任怨的教师和教育工作者，还有那些不间断地为难民提供食物、住房帮助的公民，他们的所作所为已完全超出了社会期望和官方规定。他们没有简单地将安置难民的工作交给国家或地方当局，而是义无反顾、积极主动地填充多方面现存的政治真空，以大规模非同质的社会活动方式，做出了他们不同的积极奉献。这一切并不总是很容易的。它需要代价和时间，需要力量和勇气。每次与难民的交往，都可能是一次发现的机会，发现什么可使他人得到帮助和快乐；每次这样的交往也总可能带来新发现，发现尚不明白的东西，发现让人不悦的、令人烦恼的方面。

对我来说，这些主动救助行为是说真话的一个版本，因为它们发生在不断出现紧张状态的马路上，有时还要面对凶险的敌意和威胁，以致现在难民收容所仍然需要保安人员警戒，以致现在那些自愿者还会受到侮辱和威胁。反对仇恨，需要有勇气；坚定不移地实施必需的人道救助或行人性之所为时，也需要勇气。每一次来自心理变态者或极端狂热难民的杀人事件和恐怖袭击，都会给自愿救助者带来额外的心理压力，并会受到来自外部的额外反对。需要有极大的耐心和自信，才能继续照顾那些需要帮助和鼓励的人们，因为这些人不应因为他人的行径受到惩处。

对我来说，要把想象空间带回社会，也属于公民抵制仇恨的行为内容。反对仇恨、反对歧视的策略还包括——要重新考量那些幸福的故事，即便这样的说法可能由于前面的论述让人感到惊异。使人边缘化、使人失去公民权利的各种势力拥有各自不同的行动措施与手段。有鉴于此，在与仇恨、歧视的抗争中，也要争取使人幸福、使人过上真正自由生活的各种可能。抵制每个暴君式行径总意味着，要反抗暴君势力的压制、强制手段。这也意味着绝不接受被压迫、不自由和绝望的角色。被侮辱和被排挤不仅意味着被侮辱、被排挤者行动的可能性会受到限制，更意味着使人丧失了要为自己争取什么权利的力量和勇气，而这些权利他人已经得到，并已习以为常；这就是说不仅是平等权利得不到的问题，还有幸福的幻想力受到限制的问题。

因此，抵制排斥、抵制仇恨的策略之一，就是要讲述成功的异议者的生活和爱情故事，这样，除去所有不幸的受歧视的故事，还能使幸福的可能性得到坚固，每个人都可以得到幸福，并可以希望拥有幸福的权利：此权利不仅属于那些符合一般常规的人，不仅属于白色人种，不仅属于有听力的人，不仅属于对自己天生的躯体无异议的人，不仅属于如招聘广告上要求的或符合法律要求的人才，不仅属于可以自由走动的人，不仅属于拥有"正确"信仰、"正确的"个人证件、"正确的"简历，"正确的"性别的人，而属于所有人。

说真话还意味着，要与说出的真相保持一致口径。不仅要相信，所有的人可以不同，但都等价，还要将这个等价讲述出来：要切切实实地为这个等价申辩，要不断持久地反对施压，反对仇恨，要使这个等价渐渐地不再只是诗意的想象，而是会切实实现的。

汉娜·阿伦特在她的《积极生活》(*Vita Activa*)一书中写道："势力总是潜在的，不是什么不可改变的，是可度量的、可靠的，就像力与强度。"她还指出："其实势力……并不占有什么人，当人们一起行动时，势力产生于人与人之间；当人们散开时，它又会在人与人之间消失。"[15] 对一个开放、民主社会中的"咱们"，这也很可能是一个最美好最准确的描述：这个"咱们"永远是一个潜在势力，不是什么不可改变的，是可度量的、可靠的。这个"咱们"不能定义为单一的任何人。它产生于人们共同行动时，消失于人们离散之际。这样，聚集成"咱们"，一起协商行动，一起反对仇恨，将是一个勇敢有益的温和的势力形式。

注 释

前 言

1 在强效的排斥辱骂手段中,包括一些对人的专门表达。目前关心排斥问题的社会活动家很多,他们要对这个问题给予科学分析,并寻求积极的政治行动;还要通过语言策略问题的讨论,在语言上找出适宜表达。专家们将之视为需真正引起重视的伦理道德问题。那些所谓"自然而然"的分门别类,如"黑与白"的区分,都在重复种族主义的划分和区别对待的手法,都应受到批判。为应对这些敏感问题,已发展出一些语言上的相应对策:对敏感词进行省略或由其他词取代,或者使用英文表达,或者创造新的标记形式[比如将"白"(weiß)小写,将"黑"(Schwarz)大写,来将社会层次反向化]。一般来说,这些新编出的政治语言,与书写和口语中使用它们的人的日常习惯大相径庭。但这正是创造新词的政治意图所在:恒久不变的习惯需要改变。这样一来,这些习惯连同人们希望产生的作用也会消失。重要的是要注意,如本书中的使用方式,不将"黑"与"白"作为客观事实来强调,而要将之作为特定历史文化背景下的划分。谁应在何种背景下、以何种理由,或以何种后果被划为"黑"、被视为"黑",的确存在着令人印象深刻的争议。关于历史上应负责的分类和种族主义,在书中关于埃里克·加纳的部分有更多详尽的介绍。

2 乔治·阿甘本(Giorgio Agamben, 1940—)也这样描述

"神圣的人（homo sacer）"。见：*Ders., Homo Sacer. Die souveräne Macht und das nackte Leben*, Frankfurt am Main 2002.

3 作为一个思想实验，可以设想一下相反的情况：其实异性恋也许可以被接受，但为什么要求异性恋者作为异性恋被认出？他们本可以私下彼此相爱，这不会妨碍任何人，他们为什么应该结婚？

4 接下来要谈到的，不是会由个体的仇恨和暴力形式表达的疾病或精神病（例如滥杀无辜的杀人案）。至于个别情况在仇恨的政治意识形态的推动下，这样的心理倾向会如何发泄或会受到何种程度的强化，这是一个专门的研究课题。

一　可见与视而不见

1 另见阿克塞尔·霍耐特（Axel Honneth）的美文《Unsichtbarkeit. Über die moralische Epistemologie von ›Anerkennung‹》Ders. *Unsichtbarkeit. Stationen einer Theorie der Intersubjektivität*, Frankfurt am Main 2003, S. 10-28.

2 Claudia Rankine, *Citizen*, Minneapolis 2014, 第17页。本作者的翻译。摘句的原文为："… *and you want it to stop, you want the child pushed to the ground to be seen, to be helped to his feet, to be brushed off by the person that did not see him, has never seen him, has perhaps never seen anyone who is not a reflection of himself.*"

3 这个故事不是来建议模仿的——只为保险起见再对它做一次明确说明。它只是莎士比亚爱情观的图示，在此爱情只是一个有限时间段的心理投射。

4 这样可以在客体及情绪下的"形式客体"之间做出区别。参见：William Lyons, »Emotion«, in: Sabine Döring (Hrsg.),*Philosophie der Gefühle*, Frankfurt am Main 2009, S. 83-110.

5 Martha Nussbaum, *Politische Emotionen*, Berlin 2014, S. 471.

6   关于 Jean-Paul Sartre 及 Iris Marion Young 的被动身份模式，我还有过详细描述，见：Carolin Emcke, *Kollektive Identitäten*, Frankfurt am Main 2000, S. 100 - 138。至于它如何能应用到狂热主义的不同形式及组别上，还需做出比这里更详细、也更具体的研究。

7   Didier Eribon, Rückkehr nach Reims, Berlin 2016, S. 139.

8   Jürgen Werner, Tagesrationen, Frankfurt am Main 2014, S. 220.

9   参阅 Jan-Werner Müller："所有平民主义者的核心……是这样的：我们——只有我们——代表真正的人民。"见：Ders., Was ist Populismus, Berlin 2016, S. 26。作者还问道：如果这个口号加上一个字变成"我们也是人民"，是否会产生区别？

10 这令人想起弗朗茨·法农（Frantz Fanon）的一句话："话说过后，人们才懂得，黑人的第一反应是要对那些想定义他的人说不。"Frantz Fanon, Schwarze Haut, weiße Masken, Wien 2013/2015, S. 33.

11 Aurel Kolnai, Ekel Hochmut Hass. Zur Phänomenologie feindlicher Gefühle, Frankfurt am Main 2007, S. 102.

12 Elaine Scarry, »Das schwierige Bild der Anderen«, in: Friedrich Balke, Rebekka Habermas, Patrizia Nanz, Peter Sillem (Hrsg.), Schwierige Fremdheit, Frankfurt am Main 1993, S. 242.

13 唯一让我感到适宜的用词也许是"乌合之众"（Meute），Elias Canetti 为此做出的定义是："乌合之众是这样一群人，他们只需要更多的人，此外没有别的愿望。"Elias Canetti, Masse und Macht, Frankfurt am Main 1980/2014, S. 109。

14 https://www.facebook.com/Döbeln-wehrt-sich-Meine-Stimme-gegen-Überfremdung-687521988023812/photos_stream?ref=page_internal.

15 撰写这本书时，此网页上还有这些图片、视频、评论。

16 http://www.sz-online.de/sachsen/autoliv-schliesst-werk-in-doebeln-2646101.html.

17 这辆"旅行享受"公司的旅游车,那天在克劳斯尼茨遭到阻挡,当天它从施内贝格启程,抵达 Freiberg 外事局后,又驶往克劳斯尼茨。车子在德伯恩(Döbeln)没有停过。

18 Kolnai, Ekel Hochmut Hass, S. 132 f.

19 Max Horkheimer/Theodor W. Adorno, Dialektik der Aufklärung, Frankfurt am Main 1989, S. 179.

20 Christoph Demmerling/Hilge Landweer, Philosophie der Gefühle, Stuttgart 2007, S. 296.

21 因而 2016 年 6 月 BKA 主席 Münch 的警告,非常明确,值得注意:"行动之前语言先到。"可参见 *http://www.faz.net/aktuell/politik/inland/bka-chef-muench-im-interview-die-sprache-kommt-vor-der-tat-14268890.html*。

22 Elaine Scarry, Das schwierige Bild der Anderen, in: Balke/Habermas/Nanz/Sillem (Hrsg.), Schwierige Fremdheit, Frankfurt 1993, S. 238.

23 反犹太主义研究中心和德国历史博物馆联合举办了名为"扇阴风"的展览。这个展览,从古老的思维定式、偏见到当今的图示政治——比如反犹太人或种族主义的贴纸,展示了诋毁行径的历史发展线路。比如在 20 年代出现的"黑祸"宣传运动中,"警告"民众警惕黑人的"兽性";当时还出售了有关主题邮票,邮票上一个大黑影正扑向手无寸铁的白人女子。正是这种种族主义的性侵暗示——所谓的"外人"(现在是"外国人"或"北非人")威胁说,总在不断地重演。

24 这样的历史例证在新环境中造成的阴影,它们对性暴力的警惕性进行了工具化,并将之引向所希望的方向。在当前社会,对儿童及妇女的性暴力会受到依法惩处,在这种情况下它们不会再被淡化忽视,然而在对妇女儿童性暴力事件合法必要的敏感化过程中,归因于种族主义的非法模式(比如煽动对"具冒犯性外人"或对"阿拉伯人男人"的恐惧)却得到了成倍增加。这就是为什么右翼激进圈里,"虐待儿童狂"成了煽动恐惧的通用流行的语言工具,因为它很容易在广泛的社会层次中产生同感——因为每个人都理所当然地反对性暴力。只有在这个背景下,特别在对"阿拉伯人"或"黑人"的仇恨增加的过程中，此等性侵警告才能有效。

25 这不是偶然的，而是明知后果的言说术：1989 年 5 月 14 日电视台《明镜周刊》专题节目中，让人们见识了种族主义意识形态的表面擦光术。该节目跟踪了德国民族民主党（NPD）领导人的一次研讨会。这次研讨会的主题之一是"外国人问题"。其间有一个形式为"角色游戏"的报告：一位参与者做报告后，其他人可以对他提出反对意见或指责。当有人问到，来自战争地区的外国人是否应得到必要帮助和援助时，做报告的民族民主党（NPD）年轻成员答道："……这些可怜的穷鬼。当然必须帮助他们。可是，如果尝试让他们纳入这里……这是不行的。这是另外的种族，他们通过另外的特征、另外的生活方式表达自己……"随后当在座者提出反馈意见时，出现了一个策略性的纠正："你用了'种族'一词……这个词我永远不会在这个关联下用到……你要说的是'另外的个性'。可这样的话，你自然又会被左派或 xx 媒体……说成：'这是种族主义者。'"此话涉及的并不是假设存在有不同的"种族"，并且作为"种族"群体可以被描写成具有某些特征。相反，这段话涉及的只是"种族"一词，因为这样可以导致说话人被指责为种族主义者。这样便可以解释，这天的讨论为何可以如此平稳进行——因为意识形态的内涵没有得到任何改变。在此要感谢《明镜周刊》电视节目主管 Maria Gresz 和 Hartmut Lerner 的报道，他们使我得以对这个报告会有所了解。

26 在这种情况下，警方即便没有被认为采取了敌对态度，仍被视为操纵者，或立场不明者。有一些呼吁是专门针对警官的，告诉他们应该支持谁，保护谁。因为据称这些"人民""是你们的家，你们的亲人，你们的朋友，你们的邻居"。警方首先应保护法治国及生活在这里的人们，不论警方是谁的亲戚和朋友。这点对他们本来毫无意义。

27 在这个内部讨论会上，每个所谓的区别都用来认证普遍怀疑。可以举例说明：一张照片上有一个盛着彩色巧克力豆的玻璃碗，上方写有一行大字："不是所有的难民都是罪犯，都可恶。"下面一行小字写着："现在你可以想象一下，如果 10

%的巧克力豆有毒,你还敢吃上一小把吗?"

28 这里还包括一些出版物,如名为"独立行动"的小册子,它们的用语显然清醒理智,也许这也是其特色,但涉及的所有主题和解释,都会使人对旅游车上的难民产生仇恨。参见Liane Bednarz/Christoph Giesa, 226 Gefährliche Bürger. Die Neue Rechte greift nach der Mitte, München 2015. 或者: Volker Weiß, Deutschlands neue Rechte, Paderborn 2011. Sowie: Küpper/Molthagen/Melzer/Zick/(Hrsg.), Wut, Verachtung, Abwertung. Rechtspopulismus in Deutschland, Bonn 2015.

29 对这段历史和"伊斯兰国"的战略方针做出出色分析的有:Will McCants, The ISIS Apocalypse, New York 2015。这位作者在推特上也非常活跃: @will_mccants。

30 The Management of Savagery 一书,是关于"伊斯兰国"的意识形态及其行动纲领的文件之一,作者为 Abu Bakr Naji,其中一章为"极端化策略"。2006年这部分文本由 Will McCants 译成英文,这里强烈推荐给希望了解"伊斯兰国"恐怖主义基本宗旨教条的人士。"伊斯兰国"的目标是要分化击垮西方,有关内容参见: http://understandingwar.org/sites/default/files/ISW % 20ISIS % 20RAMADAN % 20FORECAST% 202016.pdf。

31 http://www.focus.de/politik/videos/brauner-mob-in-clausnitz-dramatische-szenen-aus-clausnitz-fluechtlingsheim-frauen-und-kinder-voellig-verstoert_id_5303116.html.

32 https://www.youtube.com/watch?v=JpGxagKOkv8.

33 名字是在调查后才知道的。我在这里使用这些名字,是为了更准确地描述导致埃里克·加纳死亡的过程。

34 埃里克·加纳留下的最后的话(英文原文): *Get away [garbled] for what? Every time you see me, you want to mess with me. I'm tired of it. It stops today. Why would you …? Everyone standing here will tell you I didn't do nothing. I did not sell nothing. Because everytime you see me, you want to*

harass me. You want to stop me [garbled] selling cigarettes. I'm minding my business, officer, I'm minding my business (…) 原话录音见：http://www.hiaw.org/garner/。

35 埃里克·加纳曾因出售未纳税香烟及占有大麻毒品多次受到拘捕。

36 在原文（及在德文译本中）都写出了那个N打头的词。我有意放弃写出这个词，因为我作为引用黑人作家的白人作家，是在另一个背景下使用这个词，并且我深深知道，这个词有产生词意移位及伤害的可能性。Frantz Fanon, *Schwarze Haut, weiße Masken*, Wien/Berlin 2013-2015, S. 97.

37 Judith Butler 特别有教益的一段话是："Endangered/ Endangering: Schematic Racism and White Paranoia." 还有 Robert Gooding-Williams 的话 "Look, a n…" 见：Robert Gooding-Williams (Hrsg.), *Reading Rodney King, Reading Urban Uprising*, New York/London 1993, S. 15‑23 und S. 157‑178。

38 Scarry, Das schwierige Bild des Anderen, S. 230.

39 正如法医给出的结论，促使埃里克·加纳死亡的还有他的哮喘病、心力衰竭和肥胖症。

40 Fanon, *Schwarze Haut, weiße Masken*, S. 95.

41 http://www.nytimes.com/1994/12/30/nyregion/clash-over-a-football-ends-with-a-death-in-police-custody.html.

42 Ta-Nehisi Coates, *Zwischen mir und der Welt*, München 2016, S. 17.

43 Coates, *Zwischen mir und der Welt*, S. 105.

44 偏偏在达拉斯（Dallas）——在五名警察被黑人阿富汗退伍军人米卡·约翰逊（Micah Johnson）射杀的地方，多年来当地警方尤其致力于避免冲突升级。参阅：*www.faz.net/aktuell/feuilleton/nach-den-polizistenmorden-ausgerechnet-dallas-14333684.html*。

45 乔治·扬西（George Yancey）在为《纽约时报》做的一个采访报告中介绍了这种恐惧体验，该报告题为"The

Perils of Being a Black Philosopher"。文中写道:"*Black people were not the American ›we‹ but the terrorized other.*" http://opinionator.blogs.nytimes.com/2016/04/18/the-perils-of-being-a-black-philosopher/?smid=tw-nytopinion&smtyp=cur&_r=1。

46 本人多次被错认为其他女同性恋的情况,在这里我不再一一赘述。

47 参见 Mari J. Matsuda/Charles R. Lawrence III./Richard Delgado/Kimberlè Williams Crenshaw (Hrsg.),*Words that Wound. Critical Race Theory, Assaultive Speech, and the First Amendment*, Boulder/Colorado 1993, S. 13。

二 同质的·自然的·纯正的

1 Jacques Derrida,*Schibboleth*, Wien 2012, S. 49.

2 信仰与实践的差异不仅仅存在于宗教团体之间,也存在于每一个宗教团体内部。对现代化社会的信仰则永远是——与所有神学宗旨相对——具生命力的信仰,它超越不同世代和区域,比起任何学校必读物或任何主教训诫,都更加形式多样,更加灵活机动。此原则也适于各个宗教团体:宗教事务不可强迫进行。这就要求那些出生在这个团体的人,如果他们不能或不愿赞同这个团体的规则,应该为他们提供选项,即:会员或相关人员应该允许他们退出,如果他们不能或不愿继续信教,如果他们感到吃力,感到教规令人压抑,感到自己作为独立主体的权利受到漠视。允许信仰或能够信仰,同允许不信仰(或能够不信仰)同样都是值得保护的个体权利(或个体天赋)。不可强制人信仰,不可强制人加入任何一个宗教团体。

3 Tzvetan Todorow, *Die Eroberung Amerikas. Das Problem des Anderen*, Frankfurt am Main 1985, S. 177.

4 对此产生误解之前:当然这种排斥有时也可以通过公民投票、由大多数决定,或通过议会投票批准。但这并不会改变其潜在的非自由主义的、规范可疑的特点。即便在法治国家里，民主决定也会受到人权保障的制约。关于这点后面还有更多论述。

5　相反，自由主义理论中存在某种实用主义：民众将国家主权授予选出的代表。《基本法》中规定，在德意志联邦共和国，人民的国家权力只"在选举和投票时，通过特定的行政权力机构和司法裁决机构行使。"（《基本法》第20条第2款）。关于通过民主性意愿发展讨论在理论上重新构建的人民主权概念，请参阅：Jürgen Habermas, *Faktizität und Geltung*, Frankfurt am Main 1992, S. 349-399。

6　参阅：Das Imaginäre der Republik II: Der Körper der Nation«, in: Koschorke/Lüdemann/Frank/Matala de Mazza, *Der fiktive Staat*, Frankfurt am Main 2007, S. 219-233。

7　关于头罩问题的讨论，详见：Carolin Emcke, *Kollektive Identitäten*, Frankfurt am Main 2000, S. 280 - 285。

8　同上。

9　Gustav Seibt 的妙文见：http://www.sueddeutsche.de/kultur/alternative-fuer-deutschland-sprengstoff-1.2978532。

10　关于文化多样性为什么不仅在政治上、民主上为人渴望，还很有可能具有经济优势，已有一些研究报告发表。参见：http://www.nber.org/papers/w17640 或者：https://www.americanprogress.org/issues/labor/news/2012/07/12/11900/the-top-10-economic-facts-of-diversity-in-the-workplace/。

11　对法国"国民阵线党"的玛丽娜·勒庞来说，"原始"、"真正的"法国至少存于法国加入欧盟的历史之举之前，甚至有可能在戴高乐时代。法国不是法国，如果它与欧盟（或北约）结盟。对玛丽娜·勒庞来说，"真正的"法国存在于没有穆斯林法国人的历史时期。勒庞批评当代法国文化宗教的多样性时，很喜欢暗示：曾几何时确实存在过一个同质的法国民族，具有统一的——如一贯定义的——自身性。因而勒庞认为，若想成为法国公民，籍贯是重要的决定因素，而不是如法兰西第五共和国宪法上规定的——出生地。

12　Benedict Anderson, *Imagined Communities*, London/New

York 1983/1991, S. 6. 本作者的翻译。摘录的原文为：»It is imagined because even the members of the smallest nations will never know most of their fellow members, meet them or even hear of them, yet in the minds of each lives the image of their communion.«

13 http://www.spiegel.de/panorama/gesellschaft/pegida-anhaenger-hetzen-gegen-nationalspieler-auf-kinderschokolade-a-1093985.html.

14 http://www.antidiskriminierungsstelle.de/SharedDocs/Downloads/DE/publikationen/forschungsprojekt_diskriminierung_im_alltag.pdf?__blob=publicationFile.

15 »Boateng will jeder haben«, Interview mit Alexander, im: *SPIEGEL 23/2016, S. 37.*

16 排斥和诽谤的技巧尤其包括——在本节中已经又一次做了分析——那些用来描述人的专用语。对许多在科学和政治活动领域探讨排斥问题的研究者来说，通过有关语言策略的讨论，找出适宜的具包容性的表达至关重要。即使是那些所谓"不言而喻的"观念，如"男人气（质）"、"女人气（质）"这样的分类，也存在着语言策略问题和伦理问题，因为它们只能重复那些属性描述，是应受到反对、受到批评的二元分裂法。因此，现在已经出现了多种多样的表达方式和表述建议，以寻求更适宜的专用语和书写方式（因而出现了让所有所谓有性别者变得可见的策略，而且此等策略又可以通过不同的书写方式显示，通过字母双写形式，通过斜线，也出现了中性化策略，此避免对性别的识别，对雌雄同体性的识别）。在此，对我来说重要的是，要认识到，"男人气（质）/女人气（质）"这样的如这里用到的表达，并不是简单存在的客观事实，而总是由历史和文化决定的表达形式。在一个特定环境中，什么人以怎样的权利可被视为或定义为"男人"或"女人"，是存在争议的，这也正是这一节的主题。我希望我所使用的表达方式和词语，能被视为是尊重人的，是可以理解的。

17 非常感谢 Tucké Royale 和 Maria Sabine Augstein，他们非

常耐心地解答我的问题;感谢他们对我的信任,感谢他们不隐讳涉及个人的问题,同样感谢他们有益的建设性意见。对于下文会出现的缺陷或错误,我应理所当然地承担全部责任。

18 性别性人体产生的历史问题研究参见:Claudia Honegger, *Die Ordnung der Geschlechter*, Frankfurt am Main 1991; Thomas Laqueur, *Auf den Leib geschrieben*, Frankfurt am Main 1992; 以及 Barbara Duden, *Geschichte unter der Haut*, Stuttgart 1991 einschlägig。关于作为社会文化生存方式的性别理念,见:Andrea Maihofer, *Geschlecht als Existenzweise*, Frankfurt am Main 1995。

19 关于"势力关系与统治关系的差异"可以参阅:Quaestio/Nico J. Beger/Sabine Hark/Antke Engel/Corinna Genschel/Eva Schäfer (Hrsg.), *Queering Demokratie*, Berlin 2000。

20 关于第二个版本参见:Stefan Hirschauer, *Die soziale Konstruktion der Transsexualität. Über die Medizin und den Geschlechtswechsel*, Frankfurt am Main 1993/2015。

21 更精确甚至有可能令人感到惊讶的描述是:肯定还有一些变性人,他们对已给定的性别归属基本上说不会感到"错误"或感到"困扰"。他们甚至可能觉得那样很美,很合适。对他们不适宜的是,这些名称具有"明确的女性"或"明确的男性"这样的含义。

22 另见:Andrea Allerkamp, *Anruf, Adresse, Appell. Figuration der Kommunikation in Philosophie und Literatur*, Bielefeld 2005, S. 31–41。

23 Mari J. Matsuda/Charles R. Lawrence III./Richard Delgado/Kimberlè Williams Crenshaw (eds.), *Words that Wound. Critical Race Theory, Assaultive Speech, and the First Amendment*, Boulder/Colorado 1993, S. 5.

24 "通过语言被伤害意味着,失去了语言背景,就是说不再知道他在哪里。"引自 Judith Butler: *Hass spricht*. Judith Butler, *Hass spricht. Zur Politik des Performativen*, Berlin 1998, S. 12。

25 数字出自 Jacqueline Rose 的 "Who do you think you are?" 一文，见：*London Review of Books*,Vol.38,No. 9, 2. Mai 2016 *http:// www.lrb.co.uk/v38/n09/jacqueline-rose/who-do-you-think-you-are*。

26 握具指不同类型的阴茎假体。紧胸衣可将乳房包紧，使外观上不太明显。感谢 Laura Méritt 幽默慷慨地让我分享她的知识。

27 要与官方认定的性别相适宜，或让自己的躯体对性别的认定相适宜的愿望，与性爱取向问题无关。变性人的问题，如作家和社会活动家 Jennifer Finney Boylan 曾经形容的："不是你想与谁睡觉的问题，而是你想作为什么人要与他人睡觉的问题。"引自 Jacqueline Rose 的 "Who do you think you are?"，*http:// www.lrb.co.uk/v38/n09/jacqueline-rose/who-do-you-think-you-are*。

28 Paul B. Preciado,*Testo Junkie. Sex Drogen Biopolitik in der Ära der Pharmapornographie*, Berlin 2016, S. 149.

29 参见 Julian Carter 的文章："Transition"，见：*Posttranssexual. Key Concepts for a Twenty-First-Century Transgender Studies, TSQ, Vol. 1, No. 1-2*,Mai 2014, S. 235 ff。

30 Paul B. Preciado,*Testo Junkie*, S. 68 f.

31 Paul B. Preciado,*Testo Junkie*, S. 57.

32 法律文本见：http://www.gesetze-im-internet.de/tsg/BJNR016540980.html。

33 同上。另外还要补充的是："极有可能需接受的是，他们的性别归属感对异性不会再改变。"

34 https://www.bundesverfassungsgericht.de/entscheidungen/rs20110111_1bvr329507.html.

35 关于变性人生理病理问题的分析讨论，见：Diana Demiel, »Was bedeuten DSM-IV und ICD-10?«, in: Anne Alex (Hrsg.),*Stop Trans*Pathologisierung*, Neu-Ulm 2014, S. 43-51。

36 Daniel Mendelsohn, *The Elusive Embrace*, New York 2000, S. 25

f. 本书作者的翻译。摘句原文为：*"If you spend a long enough time reading Greek literature that rhythm begins to structure your thinking about other things, too. The world men you were born into; the world de you choose to inhabit."*

37 新右派的言论尤其要求这个明确性。"在此意义下，在一个严格反对个体主义、严格遵从权威主义等级制的'民众共同体'中，性别扮演着社交引座员的角色。男子气、女人气（质）的产生对于社会的内在凝聚力至关重要。"见：Juliane Lang, "Familie und Vaterland in der Krise. Der extrem rechte Diskurs um Gender", 见：Sabine Hark/Paula-Irene Villa (Hrsg.), *Anti-Genderismus. Sexualität und Geschlecht als Schauplätze aktueller politischer Auseinandersetzungen*, Bielefeld 2015, S. 169。

38 奇怪的是，变性人必须为地方法院要求提供的精神病病情报告支付费用。相反的情况是，一旦病情报告做出"变性人"确诊，激素治疗费用则由健康保险部门承担。这似乎是矛盾的，既然立法者将"变性"定性为一种疾病，那么地方法院需要的评估报告，也该由健康保险部门支付。

39 关于对性别不定（gender-non-forme）人士所遭受的暴力缺乏敏感关注的问题，见：Ines Pohlkamp,*Genderbashing. Diskriminierung und Gewalt an den Grenzen der Zweigeschlechtlichkeit*, Münster 2014。

40 还请参见：*http://www.sueddeutsche.de/politik/kolumne-orlando-1.3038967*。

41 Didier Eribon,*Rückkehr nach Reims*, Berlin 2016, S. 210 f.

42 *http://hatecrime.osce.org/germany?year=2014.*

43 在描述变性人遭受的暴力事件时，尤其重要的是，要对有色人种或者非白人变性人的特别危险的处境有所反映。变性人的敌对者和种族主义者可构成残酷联盟，这些变性人的双重不受保护状态是不容忽视的。2015年开始的七个星期里，有七位变性女人在美国遭到杀害，她们都是有色人种。她们的不受保护性往往与许多有色人种在社会上受排挤、找不到工作、被迫从事性工作的事实相关。在此类权利丧失的情况下，她们非常容易成为最残忍的暴力的受害者。

44 对变性人的暴力通常还会给出"理由"：因为犯罪者受到了"变性人"性别的"蒙骗"。如此这般责任被推到遭受暴力的受害者身上。关于这种对变性人施暴的辩解模式参见：Talia Mae Bettcher, Evil Deceivers and Make-Believers, in: Susan Stryker/Aren Z. Aizura (eds.),*The Transgender Studies Reader Vol. 2*, New York 2013, S. 278 - 290。

45 http://www.dw.com/en/transgender-toilettenstreit-in-usa-auf-neuemhöhepunkt/a-19283386.

46 https://www.hrw.org/report/2016/03/23/do-you-see-how-much-im-suffering-here/abuse-against-transgender-women-us#290612.

47 在这个希望得到的医学性别问题上，对此做出医学评估——单从医疗法律角度看——是很有意义的。但是，这是一个有争议的问题：对一些人来说，将之病理化是不可接受的；对另一些人来说，经济成本的问题更需要考虑。

48 Daniel Mendelsohn,*The Elusive Embrace*, S. 26 f. 由本人翻译。摘句原文为："*What is interesting about the peculiarity of Greek, though, is that the men⋯de sequence is not always necessarily oppositional. Sometimes - often - it can merely link two notions or quantities or names, connecting rather than separating, multiplying rather than dividing.*"

49 有人猜测，这就是巴黎巴塔特兰（Bataclan）剧院被选作恐怖袭击地点的原因，参见：*http://www.lepoint.fr/societe/le-bataclan-une-cible-regulierement-visee-14 - 11 - 2015 - 1981544_23.php*。

50 在此还不能确定的是，他们是否真是同性恋，或只是被强加于他们的。

51 http://time.com/4144457/how-terrorists-kill/。由本书作者翻译。摘句原文为："*Although I have studied jihadist culture for a decade, I am still astounded and dismayed by its ability to inspire individuals to take innocent life.*"

52 参见：Katajun Amirpur in:*https://www.blaetter.de/archiv/*

jahrgaenge/2015/januar/»islam-gleich-gewalt«。

53 关于画面策略问题能读到的资料较少。我本人对詹姆斯·佛利视频（James-Foley-Video）的更全面的评论见：http://www.deutscheakademie.de/de/auszeichnungen/johann-heinrich-merck-preis/carolin-emcke/dankrede。

54 http://www.nytimes.com/2014/12/29/us/politics/in-battle-to-defang-isis-us-targets-its-psychology-.html?_r=0。由本人翻译。摘句原文为：*"We do not understand the movement, and until we do, we are not going to defeat it. We have not defeated the idea. We do not even understand the idea."*

55 http://thedailyworld.com/opinion/columnist/terrorism-book。

56 al-Adnani 宣言的英文译本见：https://pietervanostaeyen.com/category/al-adnani-2/。

57 关于 al-Sarqawi 的角色：Yassin Musharbash, *Die neue al-Qaida. Innenansichten eines lernenden Terror-Netzwerks*, Köln 2007, S. 54–61。

58 给出的链接仅作为一个证据，不作为推荐。在此必须警告，这些都是"伊斯兰国"的宣传材料，内容充满暴力和对恐怖政权的赞美。青少年不宜。http://www.liveleak.com/view?i=181_1406666485。

59 http://www.gatestoneinstitute.org/documents/baghdadi-caliph.pdf。由本人翻译。摘句原文为：*"You have a state and a khilāfah where the Arab and the non-Arab, the white man and the black man, the easterner and the westerner are all brothers."* 后面的摘句原文为：*"The Islamic State does not recognize synthetic borders nor any citizenship besides Islam."*

60 "伊斯兰国"有一个专门涉及边界问题的 12 分钟的宣传片，题为：冲破边界（*Breaking the Borders*）。关于"伊斯兰国"要建立一个初始国家的理想到底能取得怎样的成功的争议，是很有意思的。见德国《时代周刊》（Zeit）作者 Yassin Musharbash 精彩博客中的来宾帖子：*http://blog.zeit.*

de/radikale-ansichten/2015/11/24/ warum-der-is-die-weltordnung-nicht-gefahrdet/#more-1142。

61 Fawaz Gerges 在他的 *Isis - A History* 一书中写道:"伊斯兰国"的高级军事指挥中, 30% 来自前伊拉克军队及警察局的高级指挥官, 他们在美国人的"去阿拉伯复兴党影响的项目"中失去了职位。请参阅: *http://www.nybooks.com/articles/ 2016/06/23/how-to-understand-isis/*。

62 见 al-Bagdadis 的 *"A Message to the Mujahidin and the Muslim Ummah in the Month of Ramadan."* http://www.gatestoneinstitute.org/documents/baghdadi-caliph.pdf. 由本人翻译。摘句原文为:*"Muslims will walk everywhere as a master."*

63 关于"伊斯兰国"具有的特别的短时性的现实,参见 Yassin Musharbash 的《Grundkurs djihadistische Ideologie》, http://blog.zeit.de/radikale-ansichten/2015/03/30/wie-tickt-der1/。

64 当全世界穆斯林学者抵抗"伊斯兰国"对伊斯兰教的歪曲的时候,伊拉克和叙利亚的许多逊尼教派部落也拒绝对"伊斯兰国"示忠。Fawaz A. Gerges 强调指出,al-Bagdadi 显然低估了自己疆域内及国外的错综复杂的政治及社会现实。见: H333ttp://www.latimes.com/opinion/op-ed/la-oe-0417-gerges-islamicstate-theorists-20160417-story.html。

65 Mary Douglas,*Purity and Danger. An Analysis of Concepts of Pollution and Taboo*, London /New York 1966, S. 3. 由本人翻译。摘句原文为:*"Pollution claims can be used in dialogue of claims and counter-claims to status."*

66 http://www.independent.co.uk/news/world/middle-east/isis-executes-at-least-120-fighters-for-trying-to-flee-and-go-home-9947805.html.

67 该段文字的 PDF 版本可以在这里找到: http://www.liveleak.com/view?i=805_1404412169, 摘句见第 14 页。由本人翻译。摘句原文为:*"The Power of the masses was tamed and its self-awareness dissipated through thousands of*

diversions."

68 心理分析报告有可能证明这种对纯正的崇拜（连同对秩序的极度热衷，对失控的担忧）很有可能来自"肛门性格（Analcharakter）"。有关民粹主义与纯正观念之间的联系——连同与"伊斯兰国"的关系——请参阅：Robert Pfaller, *Das schmutzige Heilige und die reine Vernunft.Symptome der Gegenwartskultur*, Frankfurt am Main 2008, S. 180‑195。

69 *The Management of Savagery*,*http://www.liveleak.com/view?i=805_1404412169*, S. 72. 由本人翻译。摘句原文为：*"If we are not violent in our jihad and if softness seizes us, that will be a major factor in the loss of the element of strength."*

70 此摘句来自文章内第七点。*https://pietervanostaeyen.files.wordpress.com/2014/12/say_i_am_on_clear_proof_from_my_lord-englishwww-islamicline-com.pdf*. 由本人翻译。摘句原文为："*We believe that secularism despite its differences in its flags and parties (…) is a clear disbelief, opposing to Islam, and he who practices it, is not a Muslim.*"

71 *http://www.jerusalemonline.com/news/world-news/around-the-globe/ isis-warns-refugees-dont-flee-to-europe-15954*.

三　赞美不纯正

1 Diderots Enzyklopädie, hrsg. von Annette Selig und Rainer Wieland, Berlin 2013, S. 157.

2 Aleida Assmann, »Ähnlichkeit als Performanz. Ein neuer Zugang zu Identitätskonstruktionen und Empathie-Regimen«, in: Anil Bhati/Dorothee Kimmich (Hrsg.), Ähnlichkeit. Ein kulturtheoretisches Paradigma, Konstanz 2015, S. 171.

3 Hannah Arendt, Vita Activa oder Vom tätigen Leben, München 1967/1981, S. 11.

4　Hannah Arendt, Vita Activa, S. 15.

5　Jean-Luc Nancy, Singulär Plural Sein, Zürich 2004/2012, S. 61.

6　Ingeborg Bachmann, »Frankfurter Vorlesungen«, in: Ingeborg Bachmann Werke, Bd. 4, München 1978/1993, S. 192 f.

7　Martin Saar, Immanenz der Macht. Politische Theorie nach Spinoza, Berlin 2013, S. 395.

8　»Blickveränderungen«, in: Lettre Nr. 109, Sommer 2015.

9　关于当代社会对大屠杀保持清醒记忆的特殊使命,我的有关论述参见:http://www.sueddeutsche.de/politik/kolumne-erinnern-1.2840316,详尽论述还见:Carolin Emcke, Weil es sagbar ist. Zeugenschaft und Gerechtigkeit, Frankfurt am Main 2013。

10　估计其原因是,世界文学大多都应该读其原文——从而世界文学被锚定在外语教学中。也许值得考虑并更有意义的是,设立一个世界文化史或世界文学专业。

11　Michel Foucault, »Vorlesung 2 (Sitzung vom 12. Januar 1983)«, in: Ders., Die Regierung des Selbst und der anderen, Frankfurt am Main 2009, S. 63 - 104.

12　Eva Illouz, Israel, Berlin 2015, S. 7 f.

13　Albrecht Koschorke, Wahrheit und Erfindung. Grundzüge einer allgemeinen Erzähltheorie, Frankfurt am Main 2012, S. 20.

14　在当代,"恨文擂台赛"(Hate Poetry Slam)的形式,对仇恨与偏激狂热以幽默的方式进行调侃,是富有创造性的干预活动。"恨文擂台赛"的发起人是 EbruTaşdemir、Doris Akrap、Deniz Yüçel、Mely Kiyak 和 Yassin Musharbash,后来的加盟者还有 Özlem Gezer、Özlem Topçu、Hasnain Kazim 和 Mohamed Amjahid。"恨文擂台赛"一般在俱乐部或剧院举行。在那里,记者会从他们收到的读者反馈意见中,选出最恶毒的仇恨信件读给观众。这些寄给新闻记者的信件,极力向他们宣泄种族主义和性别歧视性侮辱言论。他们竭尽侮辱诽谤之能事(顺便说一句,其德文水平却令人震惊的低下)。他们以谩骂、攻击性文字表达自己阶层的傲慢及对伊斯兰教的仇恨。恨文擂台赛上,当收信人站在舞台上,将这些从平静的编辑部取来的信件读出时,这些攻击信件给他们带来的忧郁和无能无力感便会消失殆尽,他们会由此感到解脱。随着将这些仇恨邮件公之于众,他们中断了那个由这些信件——最可恶的信件——所造成的发信人与收信人的两两状态。他们不想单独忍受这些仇恨,也不想在不申诉中忍受它们。因而,他们要把公众拉上,让公众做观众,做证人——他们希望摆脱手无寸铁的收受体状态,办一个调侃朗读会,给种族主义曝光,使之受到瓦解。"恨文擂台赛"的组织者以聪明有趣的方式成功地完成了一个主客置换:仇恨的对象不再是记者的所谓原籍,不再是他们所谓的自身性,不再是他们的宗教信仰、他们的外观,而让那些仇恨文字成了爆笑对象。在此写信者的信息不会被透露。这里表达的不是对民粹主义、种族主义"暴民"的愤怒,而是对他们所说、所做的爆笑。通过诙嘲表达异议,使仇恨得到进一步处理和改造。"恨文擂台赛"上,不仅只读这些信件,它还是一次派对,一次庆祝活动:一次由相关记者主持的"最可恶信件"的竞赛活动,活动中将选出"尊敬的傻B女士,亲爱的臭腚先生"、选出"终止订阅式"①、"大悲剧式"和"又短又臭式"。观众需参与投票。这是一个敏感的尝试,那些通过幽默展现在舞台上的那些说辞、文字,令观众们忍俊不禁,但他们不会感到有趣,而是可恶;这还使他们感到与之相伴的种族主义、伊斯兰敌视症、性别歧视以及侮辱他人之行径的丢人,及令人震惊。读信时,听众会最感到语言伤害产生的冲击力——它让每个人扪心自问:这是一种什么感觉?会不会也在说我?为什么不呢?我应该站在怎样的立场上:做一个信中不涉及的听众?每个人都必须问自己:对这样的表达、对这样的仇恨我应该有怎样的态度?对此发笑意味着什么?怎样做才是适宜的回应?这种形式的创造性取得了抵抗仇恨的成功:舞台的笑声不仅具有感染力,还促使人们对日常发生的种族主义、对自身立场、对建立必要的合作同盟开始进行认真严肃的思考。

15　Hannah Arendt,*Vita Activa*, S. 194.

---

① 由于不赞同其政治观点而终止订阅。指某些读者发出的威胁。

译后记

2015年秋，大批来自中东、非洲地区的难民涌入欧盟国家，涌入德国。一时间慕尼黑火车站天天人山人海，仅仅两周时间，便有几万名难民，历尽千辛万苦，途经匈牙利、奥地利抵达这里。通过默克尔总理张开双臂欢迎的难民政策，2016年初德国政府宣布，2015年到德国避难者总数已超过110万（后来更正为89万）。

难民的涌入给这个国家日常生活带来的种种问题和担忧，也是我们在德国居住的中国人能够感受到的。尽管有默克尔总理的一句"我们能办好"（Wir schaffen das），但此政策如何能让每一个生活在这里的人接受、信服，并实施贯彻，仍不免让人心中忐忑。直到我翻译了这本卡罗琳·艾姆克女士的《何故为敌》，才对这个信念与一个普通德国记者、作家诉求间的关系有了深刻感触：原来这个信念可以在这里找到坚实的土壤。

这部《何故为敌》，恰好于难民潮爆发一年之后的2016年10月，获得了德国书业和平奖。其颁奖理由是，作者"以书籍、文章和讲话为社会对话、为和平做出了重要的贡献","为社会行为做出了榜样"。在此,对德国总理的难民政策,又不啻为一强有力的支持。

作为译者,每本书的翻译都会是一次挑战。比如上述的"社会行为"(Gesellschaftliches Handeln),一般译为"社会行动",这样读者很容易理解为与"个人行动"相对立的行动。为此笔者在任教的大学汉语课上向德国大学生求教,他们一致解释说:这里是指有助于社会的行为。

本书中 Diskurs 一词出现得较频繁,按一般的中文译法"话语、对话"往往不尽如人意。在求教德国的德语专家后,笔者了解到,这个词既可以是表述、表达、言论之意,又可以是讨论、阐述、对话等意。

还有许多词语看似简单,却令人费解,比如 Fehlerkultur,它只是"错误"与"文化"的组合,只有在请教德国友人后,才知道应为"认错文化"。

凡此种种,如果没有得到驱雾破谜般的帮助,完成翻译很难想象。在此译者要向所有提供帮助的德国德语专家,特别是文理中学退休德语教师 Rolf Müller 先生、Kay Mestern 先生和 Gabriele Gebele 女士致以衷心感谢。

2018 年 7 月 25 日

德国弗莱堡

图书在版编目(CIP)数据

何故为敌 /（德）卡罗琳·艾姆克（Carolin Emcke）著；郭力译. -- 北京：社会科学文献出版社，2019.3
ISBN 978-7-5201-4265-6

Ⅰ.①何… Ⅱ.①卡… ②郭… Ⅲ.①多元论－研究 Ⅳ.①B089

中国版本图书馆CIP数据核字（2019）第024083号

何故为敌

著　　者	/	[德]卡罗琳·艾姆克（Carolin Emcke）
译　　者	/	郭　力
出 版 人	/	谢寿光
责任编辑	/	周方茹
文稿编辑	/	黄　丹
出　　版	/	社会科学文献出版社·联合出版中心（010）59367151
		地址：北京市北三环中路甲29号院华龙大厦　邮编：100029
		网址：www.ssap.com.cn
发　　行	/	市场营销中心（010）59367081　59367083
印　　装	/	北京盛通印刷股份有限公司
规　　格	/	开　本：889mm×1194mm　1/32
		印　张：6.5　字　数：117千字
版　　次	/	2019年3月第1版　2019年3月第1次印刷
书　　号	/	ISBN 978-7-5201-4265-6
著作权合同登 记 号	/	图字01-2019-0838号
定　　价	/	49.00元

本书如有印装质量问题，请与读者服务中心（010-59367028）联系

▲ 版权所有　翻印必究